마지막 미혹

복술 Pharmakeia

마지막
미혹

복술 Pharmakeia

들어가며

바벨론에서 나오라, 내 백성아

"진리를 말하면, 처음에는 비웃음당하고, 다음에는 공격받고, 결국에는 인정받는다."
- 마하트마 간디

2020년, 팬데믹이 한창일 때 나는 여러 사람에게 경고했다. 백신이 치료제가 아니라 인간을 파괴하는 물질이라고. 그러나 대부분의 반응은 싸늘했다. 가까운 지인들조차 내게서 등을 돌렸다. "조금 이상해진 것 같아. 정부의 말을 들어야지. 뭐 그리 잘났다고 그렇게 설쳐." 나는 '음모론자'가 되었고, 교회 공동체 안에서도 조심스럽게 거리를 두는 분위기를 감지해야 했다.

시간은 흐르고, 2025년의 여름이 되었다. 나는 지난 시간을 돌아보며 알게 되었다. 어느덧 내가 아는 다섯 명, 아니 여섯 명은 아직 이 땅에 있어야 할 사람들이었지만, 지금은 없다. 그들은 모두 백신 접종 이후 갑작스럽게 생명을 잃었거나 암으로 사망했다. 또한 많은 지인들이 찾아와 나에게 조용히 고백했다. "사실은 나도 백신 맞고 나서 몸이 이상해졌어요."

이제 많은 사람들이 내 말에 귀를 기울이기 시작했다. 나는 더 이상 '음모론자'라는 틀에 갇혀 있지 않다. 오히려 많은 이들이 말한다. "그때 선교사님 말을 좀 더 귀담아들을 걸…"

내 마음을 가장 답답하게 했던 것은 한국 '교회'였다. 미국 교회는 세상과 비교했을 때 나름대로 선전했다고 보였는데 한국 교회는 그렇지 못했다. 세상보다 먼저 깨어 있어야 할 한국 교회가, 오히려 세상보다 더 쉽게 무너졌다. 그들은 예배보다 방역을 우선했고, 말씀보다 정부 지침을 붙잡았다.

한국과 미국을 오가며 정부와 매스컴에서 쏟아내는 거짓과 싸우는 소수의 교회를 보았다. 그들은 저항했고, 진리를 지키려 싸웠다. 그러나 한국의 대부분 교회는 스스로 입을 닫았고 문도 닫았다. 팬데믹 이후 다시 문을 열었지만, 그 후유증으로 인해 2025년도는 많은 교회들이 견디지 못하고 문을 닫고 있다.

나는 그 무너짐의 현장을 지켜보았던 사람으로서 이 책을 쓰기로 결심했다. 이 책은 단지 백신을 논하는 책이 아니다. 교회를 향한 사탄의 영적인 공격을 폭로하는 책이다. 계시록에 나오는 복술Pharmakeia이라는 단어가 말해주듯, 이는 마지막 시대를 사는 그리스도인을 향한 사탄의 미혹이며, 성도의 영혼을 노리는 정교한 전쟁 무기다.

이제 또 다른 팬데믹이 오려는 징조가 보인다. 이제는 이전보다 더 강력하고, 더 정교한 미혹이 찾아올 수도 있다. 그러나 그때는 이전과는 달라야 한다. 나는 이 책이,
마지막 때를 사는 당신에게 분별의 나침반과 영혼을 잠에서 깨어나게 하는 나팔 소리가 되기를 소망한다.

"바벨론에서 나오라, 내 백성아." (계18:4)

―――― 프롤로그 ――――

침묵한 교회,
사라진 분별

"외식하는 자여, 너희가 천기의 모양은 분별할 줄 알면서
시대의 표적은 분별할 수 없느냐?" (마16:3)

2020년, 세상은 멈췄고 교회는 잠들었다. 팬데믹이라는 이름의 위기가 닥치자, 한국 교회는 예배를 접고, QR을 받아들이고, 말씀보다 정부 지침을 더 빨리 따랐다. 그 누구도 묻지 않았다.

"왜 예배당만 닫아야 하는가?"
"왜 백신 패스가 하나님께 나아가는 조건이 되는가?"
"왜 QR코드 없이는 교회 출입조차 막는가?"
그날 교회는 묵묵히 문을 닫았고, 질병관리청의 브리핑이

강단보다 권위를 가졌다.

예배가 통제되던 날, 교회는 무슨 선택을 했는가? 카페는 열렸고, 지하철은 붐볐지만 예배당은 '고위험 시설'로 분류되었다. 정부는 QR코드를 도입했고, 백신 접종 유무에 따라 예배 출입이 제한되었다. 그러나 이 부당함에 소리친 교회는 드물었다.

오히려 많은 목회자들이 백신 접종을 독려했고, '이웃 사랑'이라는 이름으로 복음을 방역 허가에 종속시켰다. 한때 '순교의 정신'을 자랑하던 한국 교회는 단 한 번의 행정명령 앞에 무너졌다. 바이러스에 대한 두려움이 분별력을 삼켰기 때문이었다.

그때의 침묵이 지금의 미혹을 만들었다. 그 침묵은 단지 조심함이 아니었다. 그 침묵은 분별을 포기한 태도였고, 진리를 양보한 선택이었다. 이상함을 느꼈던 사람도 감히 정부, 질병관리청, 언론, 그리고 대중의 의견에 이의를 제기하지 않았다. 그 침묵의 결과는 무엇이었는가? PCR 테스트와 QR코드 앞에서 줄을 섰고, 복음은 약물 증명서 뒤로 밀렸고, 배부른 교회는 더 이상 세상을 향한 "광야에서 외치는 자의 소리"가 아니었다.

하나님은 교회를 세상과 구별된 존재로 부르셨다. 그러나 그 날, 한국 교회는 세상과 똑같이 두려워했고, 어쩌면 세상보다 더 먼저 순응했다.

이 책은 공격을 위한 책이 아니다. 이 책은 다음 팬데믹을 준비하기 위해서 복기하는 데 도움을 주는 책이다. 그리고 회개를 위한 나팔이다.

· 침묵했던 교회가 다시 외칠 수 있도록
· 예배를 방해한 방역과 QR코드를 당연하게 여긴 우리가 다시 질문할 수 있도록
· 복음보다 안전을 앞세운 우리가 다시 그리스도를 붙들 수 있도록

우리는 돌아가야 한다. 예배의 자리로, 말씀의 권위로, 그리고 진리의 기준으로.
한국 교회는 깨어나야 한다. 이제 주님은 다시 분별을 촉구하신다.
"모든 영을 다 믿지 말고 오직 영들이 하나님께 속하였나 시험하라 많은 거짓 선지자가 세상에 나왔음이라."(요1서4:1)

회개한 후 과거의 일은 내려놓으라. 그러나 거짓에 속았던 것은 잊지 말아야 한다. 그리고 이제는 깨어나야 한다. 남은 자로, 외치는 자로, 그리고 진리로 무장한 교회로.

들어가며	바벨론에서 나오라, 내 백성아	05
프롤로그	침묵한 교회, 사라진 분별	08

제1부
성경이 말하는 주술 Pharmakeia

1장.	사기 방역 - 통제 시스템	19
2장.	복술 Pharmakeia - 약인가, 미혹인가	25
3장.	코로나와 백신의 실체 - 독사의 독	32
4장.	병원이 처방한 죽음 - 렘데시비르 Remdesivir	41

제2부
어둠의 세력

5장.	사탄의 삼위일체 - 용, 짐승, 거짓 선지자	51
6장.	세 더러운 영 - 귀신의 영	57
7장.	사탄의 꼭두각시 - 상인들과 땅의 왕들	64
8장.	약과 의료에 감춰진 진실	73
9장.	사탄의 7곱 선동 조직 - 침묵한 교회	83

제3부

사탄의 계획

10장. 인구감소 - 인류 4분의 1의 죽음　　　　　93

11장. 세계단일국가 - 이들이 준비하는 세상　　　101

12장. 디지털 통제사회 - 복술pharmakeia의 목적　109

13장. 준비되는 짐승의 표 - 짐승 DNA　　　　　116

14장. 말하는 우상 - AI와 인간 해킹　　　　　　127

15장. 666 - 가사화폐　　　　　　　　　　　　135

16장. 이들의 주요 표적 - 여자와 여자의 후손　　141

제4부

마지막 때를 준비하는 삶

17장. 바벨론 시스템에서 나오라 - 광야로의 부르심　153

18장. 꺼지지 않은 등불 - 펜데믹속에서 빛난 교회들　158

19장. 마지막 때를 준비하는 삶 - 깨어 있으라　　　165

제5부

치료제

20장.	니코틴: 뱀의 독을 해독하는 열쇠	177
21장.	감춰진 해독제: 재사용 약물	184
22장.	디톡스 라이프 스타일	190

부록A.	회개의 기도	197
부록B.	치유의 기도	201
부록 C.	자주 묻는 질문 (FAO)	206
부록 D.	QR 없는 예배	211
부록 E.	회개의 기도문 | 공동체 선언문	216
부록 F.	참고 문헌 및 연구 자료 목록	221

제1부

성경이 말하는 주술

Pharmakeia

"너희는 너희 아비 마귀에게서 났으니… 그는 처음부터 살인한 자요
진리가 그 속에 없으므로 진리에 서지 못하고 거짓을 말할 때마다
제 것으로 말하나니 이는 그가 거짓말쟁이요
거짓의 아비가 되었음이라."(요8:44)

제1장

사기방역 – 통제 시스템

1. 세상이 거짓이라는 자각은, 영적 전쟁의 시작이다

2020년 이후의 세계는 단순한 위기가 아니었다. 그것은 진실과 거짓, 생명과 죽음, 자유와 통제 사이의 전면전이었다. 어떤 이는 말한다. "전부가 가짜였다." 어떤 이에게는 그 말이 허무하게 들릴 수 있지만, 수많은 이들이 뼛속 깊이 깨달은 진실이기도 하다.

- 팬데믹은 조작된 공포였고,
- PCR 검사는 신뢰할 수 없었으며,
- 마스크와 거리 두기는 과학이 아닌 정치였고,
- 백신은 치료가 아니라 실험이었다.
- 안전하고 효과적이라는 백신은 무수한 사상자를 만들었다.

그리고 이 모든 뒤에는 거짓의 영, 사탄의 시스템이 작동하고 있었다.

2. 팬데믹, 조작된 위기의 시나리오

WHO는 2009년 '팬데믹'의 정의에서 "수많은 사망자 발생"이라는 조건을 삭제했다.[01]

이후 코로나19는 상대적으로 낮은 치명률에도 불구하고 '세계적 위기'로 분류되었다.

사망자 집계 기준은 "코로나로 죽은 자"가 아닌 "코로나와 함께 죽은 자"로 정의되었고[02], 병원들은 양성 진단 환자 1명당 수천 달러를 지원받았다[03]. 그뿐 아니라 치료제와 산소마스크를 사용한 후 사망선고가 이루어졌을 때 병원은 적게는 수만 불에서, 많게는 수십만 불의 이익을 얻었다. 이 모든 시스템은 마치 사전에 쓰인 시나리오처럼 완벽하게 작동했다.

3. PCR 검사 – 과학을 위장한 통제 도구

PCR은 감염 진단이 아니라, 유전자 조각을 증폭시켜 존

---

02 WHO Pandemic Guidelines Revision (2009): https://www.who.int
02 CDC "Provisional Death Counts" https://www.cdc.gov/nchs/nvss/vsrr/covid19/index.htm
03 Kaiser Health News, "Hospitals get paid more for COVID-19 patients": https://khn.org/news/

재 여부만 확인하는 기법이다. 캐리 멀리스 박사 (Dr. Kary Mullis), PCR의 개발자는 "이 기법은 감염을 진단하는 데 사용돼선 안 된다"라고 경고했다[04]. 그런데도 전 세계는 '확진자'라는 이름으로 PCR 양성 결과를 기반으로 봉쇄, 격리, 백신 강제를 단행했다. 진실은 숨겨졌고, 거짓은 기술이라는 탈을 쓰고 퍼졌다.

4. 백신 – 구원의 도구인가, 독약인가?

"감염을 막는다"라고 홍보되던 mRNA 백신은, 실제로는 감염도, 전파도 막지 못했다는 사실이 나중에 인정되었다[05]. 화이자(Pfizer)의 임상시험 데이터는 백신 접종 후 심근염, 뇌출혈 등의 부작용과 위험을 경고했지만, 공개는 75년 뒤로 연기됐다가 법원 판결로 강제 공개되었다[06]. 그 안에는 무엇을 숨기고자 하는 의도가 있었는가? 2020년 12월부터 시작되는 이 보고서에는 단 3개월 만에 1,223명이 백신으로 사망한 것과 심근염, 유산, 신경계 질환, 혈전, 면역질환을 비롯한 42,086건의 부작용 사례가 포함되었다. 그러나 이 모든 것들은 감춰지

---

04   Dr. Kary Mullis on PCR Limitations: https://www.youtube.com/watch?v=LtU6vRWDyD8

05   CDC, "COVID-19 Vaccines do not prevent transmission": https://www.cdc.gov

06   FOIA Lawsuit vs. FDA: https://phmpt.org

고, 면책 조항을 바탕으로 백신 제조사의 책임을 묻지 못했고[07], 정부는 끈질기게 강제 접종이라는 형태로 국민의 신체 주권을 침해했다.

5. 가짜 과학의 퍼레이드: 마스크, 거리 두기, '전문가'라는 이름의 맹신

초기 CDC는 마스크가 바이러스 감염 예방에 효과가 없다고 발표했다[08]. 그러나 이후 태도를 바꿨고, 심지어 혼자 운전 중에도 마스크를 쓰는 이들이 생겼다. 2미터 거리 두기의 근거는 1930년대 비말 실험을 기반으로 한 '관습적 추정'이었으며, 실제 전파는 공기 중 에어로졸을 통해 더 멀리 확산한다는 연구가 많았다[09].

6. 언론과 공공기관: 거짓의 동맹군

CDC는 백신의 안전성을 홍보하면서도, 부작용 데이터를 제대로 수집하거나 공개하지 않았다. FDA는 mRNA 기술을 '백신'이 아닌 '유전자 요법'으로 분류하고 경고한 문서를 오래전

---

07 National Childhood Vaccine Injury Act (1986): https://www.congress.gov
08 CDC Early Pandemic Guidance: https://www.cdc.gov
09 Nature Reviews Microbiology, "Airborne transmission of SARS-CoV-2": https://www.nature.com/articles/s41579-020-00460-4

부터 보유하고 있었다[10]. 이 치료법은 그동안 많은 부작용이 있었기에 의료계에서 꺼렸지만 전 세계를 속이기 위해 '백신'이라는 이름으로 포장되어 전 세계인들에게 접종되었다. 언론은 이 모든 부작용, 죽음, 의혹을 "팩트체크"라는 이름으로 덮었고, 거대 기술 기업들은 진실을 말하는 과학자, 의사, 피해 자들을 검열하고 계정 정지를 단행했다[11]. 이것은 실수나 착오가 아니다. 시스템적 침묵이며, 구조적 거짓이다.

7. 선거 – 팬데믹 이후의 통제

코로나 팬데믹은 미국을 비롯한 여러 나라의 선거 환경을 완전히 바꾸었다. 우편투표, QR 기반 투표 시스템, 전자개표기는 모두 '공정성'보다 '편의성'과 '방역'을 앞세워 도입되었다. 이 시스템은 검증할 수 없도록 설계되어 있었고, 문제를 제기하는 자들은 즉시 명예훼손과 법정 제재를 받았다. 이에 따라 미국을 비롯한 전 세계적으로 거짓 정권이 강력하게 부상했다.

8. 거짓의 본질 – 그 배후에는 누구의 전략이 있었는가?

성경은 "거짓의 아비"가 사탄이라 말한다(요8:44). 그는 에

---

10 FDA Guidance on Gene Therapy (2020):https://www.fda.gov/media/113768/download
11 Congressional Hearing on Big Tech Censorship (2021):https://judiciary.house.gov

덴동산에서부터 사람에게 "하나님이 진짜로 그렇게 말씀하셨느냐?"고 속삭이며, 의심을 심었다.

이제는 우리가 사탄의 속삭임을 의심할 때다.

"진짜 치명적일까?'"

"진짜 백신이 필요할까?"

"진짜 백신이 안전하고 효과적일까?"

"진짜 PCR테스트가 정확할까?"

이 모든 질문의 대답 뒤에는 혼돈과 두려움, 그리고 복종을 조장하는 영적 존재가 있다. 그는 통제 시스템 속에 숨어 있지만 시스템 그 자체가 그의 작품이다.

9. 결론 – 전부가 가짜였던 이유, 그리고 진실로 돌아가는 길

우리가 직면한 현실은, 반복된 실수가 아니다. 그것은 처음부터 의도된 전략, 사탄적 세계관에 기반한 거짓방역이었다. 그러므로 우리는 이 문제를 영적 전쟁이라는 관점에서 바라보아야한다. 그리고 거짓을 확인한 후 외쳐야 한다. "모든 것이 복술Pharmakeia이었다." 그리고 깨어나 진리를 찾아야한다. 거짓에서 벗어나는 유일한 길은 진리, 곧 예수 그리스도를 따르는 것이다.

제 2 장

복술 Pharmakeia - 약인가, 미혹인가

"네 복술(pharmakeia)로 말미암아 모든 나라가 미혹되었도다."(계18:23)

1. 약의 시대에 태어난 우리

우리는 태어나면서 백신을 맞았고, 감기에 걸리면 해열제를 먹으며, 정신이 불안정하면 안정제를 처방받는다. 어느 순간, 약이 믿음의 대상이 되었고, 의료 시스템이 진리를 대체하게 되었으며, 영적 판단마저 약물에 맡기는 시대가 되었다.

우리는 더 이상 묻지 않는다:

· 왜 이 약을 맞아야 하는가?
· 이 치료는 진짜 치유인가?

· 하나님이 원하시는 방식인가?
· 이 약이 내 몸에 들어가서 무엇을 하는가?

이 질문들은 교회 안에서도 사라졌다. 그러나 성경은 반복해서 명령한다:

"너희는 모든 것을 분별하라." (살전 5:21)

2. 복술pharmakeia의 어원

원어의 뜻을 알아볼 수 있는 스트롱 사전에서 복술pharmakeia을 찾으면 다음과 같은 주요 의미가 있다고 말한다.[12]

1. 약물 사용 또는 투여 (고대 그리스어 일반 용례)
2. 독살, 약물로 해치기
3. 우상 숭배로 조장되는 주술, 마술 행위 (occult, witchcraft)
4. 비유적으로 우상 숭배의 속임과 유혹

복술pharmakeia의 어원은 φαρμακεύς(pharmakeus)이다. 이 단어는 "약을 다루는 자" 혹은 "주술사"에서 유래되었다. 더 단순한 어원인 φαρμακon(pharmakon)은 약물(약이자 독)을 의미한다.

---

12 Strong's Concordance, G5331: Pharmakeia — sorcery, magic, use of drugs for spiritual deception.

헬라어	의미
Pharmakon	약이자 독
Pharmakeus	약을 다루는 자, 혹은 주술사
Pharmakeia	약을 통해 조작하고 미혹하는 행위

그러므로 주술pharmakia은 약물 투여, 독살 등과 연관된 "의학적 약물 사용"의 의미가 먼저다. 그러나 마술사들이 약물을 마술에 사용했기 때문에 마술/주술이란 의미가 포함될 수 있다. 그렇지만 이 단어를 단순히 주술 또는 마술로 번역하는 것은 원래 의미를 희석한다.

3. 고대 헬라 세계에서의 주술Pharmakeia

고대 헬라 세계에서 주술Pharmakeia은 약국이나 병원이 아니었다. 그것은 '약'과 '독'의 경계가 모호했던 사회에서, 몸과 마음, 심지어 영혼까지 조작하려는 의식과 주술이었다. 1세기 당시 이 단어는 다음과 같은 행위를 포함했다:

- 낙태 유도 약물 사용
- '사랑의 마법' 물약
- 향정신성 약물
- 신비 체험과 악령 접촉

초대 교부들은 낙태, 성적 유혹, 중독, 마법을 모두 주술 Pharmakeia의 일부로 간주하고 강력히 경계했다[13].

4. 단어 하나에 담긴 심판의 메시지

복술Pharmakeia이란 헬라어 단어를 처음 들으면 이렇게 생각할지 모른다. "그거 약(pharmacy)이라는 뜻 아닌가요?" 맞다. 그러나 동시에 아니다. 이 단어는 단순한 의약이나 치유를 뜻하는 것이 아니라, 약물을 통한 미혹, 독을 통한 지배, 거짓 치유를 통한 영적 속박을 의미한다. 신약성경에서 이 단어는 단 세 번 사용되며, 모두 심판과 정죄의 맥락에 있다.

첫째, 갈라디아서 5장 19-20절에 복술Pharmakeia은 육체의 일 가운데 하나로 기록 되어있다. "육체의 일은 현저하니…. 우상 숭배와 주술pharmakeia과 원수를 맺는 것과…." 둘째, 요한계시록 9장 21절에는 심판 가운데 회개하지 않는 죄로 등장한다. "그 살인과 복술pharmakeia과 음행과 도둑질을 회개하지 아니하더라." 마지막으로 요한계시록 18장 23절에는 바벨론이 만국을 미혹한 도구로 등장한다. "너의 상인들은 땅의 왕족들이라 네 복술pharmakeia로 말미암아 모든 나라가 미혹되었도다."

---

13 Tertullian, Apologeticus, ch. 9. See also Clement of Alexandria, Paedagogus II.2, where pharmakeia is linked with abortion and sexual immorality.

이처럼 복술Pharmakeia은 단순한 의약 행위가 아니라, 사탄이 마지막 시대에 사용하는 영적 미혹의 수단이다. 그러므로 복술Pharmakeia의 성경적 사용에서는 오용된 약물, 우상숭배의 하나로 사용된 약물, 조작과 통제 수단으로 쓰인 약물을 가르킨다.

5. 요한계시록과 마지막 시대의 주술Pharmakeia

요한계시록 18장은 종말의 바벨론에 대한 심판 선언이다. 계시록에 나오는 바벨론은 단지 정치적 시스템이 아니라, 영적 미혹과 경제적 통제를 결합한 마지막 시대의 세상 질서이다.

"네 상인들은 땅의 왕족들이요, 네 복술pharmakeia로 말미암아 모든 민족이 미혹되었도다." (계 18:23)

이 구절을 오늘의 현실에 적용해 보자. 우선 바벨론은 전 세계의 부와 권력을 장악한 어둠의 세력으로 볼 수 있다. 두 번째, 상인들은 어둠의 세력과 함께 무역하면서 막대한 부를 거두어 들인 다국적 제약사와 빅테크 기업들로 볼 수 있다. 마지막으로 만국을 미혹하는 데 쓰인 복술은 치료를 가장한 독살과 통제 수단이 될 수 있다. 여기에는 백신, 약물, 그리고 우리의 음식에 들어가 있는 독성물질이 될 수 있다. 그렇다면 우리는 이

렇게 질문해야 한다: "나는 지금 바벨론의 주술pharmakeia에 노출되어 있지 않은가?"

2,000년 전에 기록된 요한계시록은 마지막 때에 치료제로 속인 '독'으로 인해 수많은 사람들이 죽거나 병들게 될 것을 정확하게 계시했다. 우리는 이 예언대로 전 세계에서 수천만 명이 죽어가고 수억만 명이 병들어 가는 예언의 성취 과정을 보고 있다.

6. 단어를 지운다고 진실이 사라지지 않는다

오늘날 주술Pharmakeia은 매우 다른 의미로 우리 일상에 살아있다. 이제는 약국 Pharmacy, 의약품 Pharmaceutical이라는 신뢰할 만한 이름으로 자리하고 있다. 그러나 그 의미는 여전히 본질적으로 같다. 그뿐 아니라 사탄의 음모에 의해 더 업그레이드됐다.

· 권위자에 의해 정당화된 독주사
· 치유라는 이름 아래 진행되는 독주입
· 모두가 하니까 따라 하는 인체 실험

아나 멘데스 페렐 박사(Dr. Ana Mendez Ferrell)는 자신의 책 파르마키아: 숨겨진 암살자(Pharmakeia: A Hidden Assassin)에서 "모든 국가를 지배하는 '제약 시스템'은 수백만 신자를 묶는 주술이다"라고 말했다. 주술Pharmakeia은 단어가 아니라, 시스템이며 문화이며, 마귀가 마지막 시대에 사용하는 미혹의 도구이다.

7. 깨어나라, 교회여

백신은 단순한 의학의 문제가 아니다. 우리는 '약'을 주는 '그 손'이 누구인지를 분별해야 한다. 그리고 스스로에게 다음과 같은 질문을 던져야 한다.

"이건 백신인가, 아니면 독인가?"

"이는 단순한 의료 행위인가? 아니면 현대판 주술인가?"

필자의 지인은 하나님께 질문했을 때 'NO'라는 응답을 받고 백신을 멀리했다. 이 질문을 정직하게 던지는 자에게, 성령은 반드시 응답하실 것이다.

제 3 장

코로나와 백신의 실체 – 독사의 독

"그들이 그 혀를 뱀 같이 날카롭게 하며
그 입술 아래에는 독사의 독이 있나이다. (셀라)" (시140:3)

1. 진실을 덮은 팬데믹의 장막

2020년 초, 세계보건기구(WHO)는 COVID-19의 발생 원인을 '자연 발생'으로 선언했고, 주요 언론과 학계는 바이러스가 중국 우한의 수산물 시장에서 박쥐에서 인간으로 전이되었을 가능성을 반복했다. 그러나 이러한 설명은 몇 가지 핵심적인 의문점을 해소하지 못했다:

· 바이러스의 인간 수용체 적합성(ACE2 친화력)이 지나치게 완

벽했던 점[14]

· 발병 초기부터 전 세계적으로 같은 독소 유전자 서열의 바이러스가 발견된 점

브라이언 아디스 박사(Dr. Bryan Ardis)는 이러한 정황 등을 근거로, COVID-19가 자연 발생이 아닌, 설계된 생물무기일 가능성을 주장한다. 이 말은 과장이 아니었다. 그는 코로나19의 스파이크 단백질이 코브라 신경독 펩타이드와 놀라울 정도로 유사하다는 연구를 바탕으로 설명했다[15]. 이러한 주장은 단순한 추측이 아니라, 2022년 이후 발표된 다수의 독립 생물학 연구 결과 들에서 COVID-19 스파이크 단백질(spike protein)이 신경독으로 작용한다는 증거가 점점 더 많아져 이를 뒷받침하고 있다[16].

2. 우리 몸이 '독소 공장'으로 바뀌다.

아디스 박사의 가장 강력한 경고는 mRNA 백신 기술에 대한 것이었다. mRNA 백신은 우리 몸이 직접 독소를 갖은 스파

---

14 Andersen, K.G. et al. (2020). The proximal origin of SARS-CoV-2. Nature Medicine, 26(4), 450–452.

15 Ruan et al., "A Molecular Docking Study on COVID-19 Spike Glycoprotein and Snake Neurotoxins," Molecular Neurobiology, 2021.

16 Kanduc, D. & Shoenfeld, Y. (2020). Molecular mimicry between SARS-CoV-2 spike glycoprotein and mammalian proteomes. Immunologic Research, 68, 310–313.

이크 단백질을 생성하게 만드는 기술이다. 그는 다음과 같이 설명한다: "mRNA 백신은 항체를 유도하는 도구가 아니다. 그것은 인체의 세포를 독소를 제조하는 플랫폼으로 재 프로그래밍하는 코드다."

그의 말을 쉽게 풀이하면 우리는 단지 독을 맞은 것이 아니라, 우리 몸에 '독 생산 공장'을 세운 것이다. 이 주장은 초기에는 극단적인 주장으로 보였지만, 점점 많은 학자들이 mRNA 플랫폼이 체내에서 단지 스파이크 단백질만이 아니라, 그와 유사한 구조의 신경독 단백질도 형성할 수 있음을 경고하고 있다. 첫째, MIT의 스테파니 세네프 박사 (Dr. Stephanie Seneff)와 피터 맥캘러 박사(Dr. Peter McCullough)의 공동 연구에서는 스파이크 단백질이 프라이온 유사 구조를 형성해 알츠하이머 및 파킨슨병 유발 가능성이 있다고 밝혔다[17]. 둘째, 2023년 유럽 독성학회 보고서에 따르면, 백신 접종 자들의 체내에서 원뿔 달팽이 독소(Conotoxin) 유사 단백질이 발견되었으며, 이는 nAChR 수용체에 결합해 신경 기능을 억제하는 작용을 했다고 기록되어 있다[18]. 셋째, COVID-19 바이러스는 ACE2와

---

17 Seneff, S., Nigh, G., Kyriakopoulos, A.M. (2022). Potential neurological damage from spike protein expression in mRNA vaccines. International Journal of Vaccine Theory, Practice, and Research, 2(1), 38-79.

18 European Society of Toxicology (ESTIV) (2023). Annual Report: Neurological Toxins and COVID-19 Vaccine Components.

nAChR 수용체 모두에 결합할 수 있는 성질을 지니고 있음이 밝혀졌으며, 이는 인위적인 융합 설계를 의심하게 만드는 요소이다[19]. 백신이 체내에서 이 구조물을 생산하게 한다면, 그것은 단순한 항체 유도체가 아니라, "인간 세포 내 독소 복제 시스템"인 것이다. 그러므로 그들은 우리 몸에 그 독을 주입했을 뿐 아니라, 우리가 그것을 직접 생산하게 했다.[20]

3. 롱코비드와 백신 부작용 – 독소의 흔적

팬데믹 이후, 백신 접종자와 감염 회복자 중 수백만 명이 "롱코비드"라는 미지의 증상으로 고통받고 있다. 세계 각국의 의료 데이터는 다음과 같은 공통 증상을 보고한다:

· 만성 피로, 수면장애
· 기억력 저하, 우울감, 뇌 안개
· 심박 변동, 부정맥, 가슴 통증
· 소화장애, 호흡 곤란, 알레르기 반응
· 생리 불순, 불임, 자가면역 항체 증가

아디스 박사는 이 모든 현상을 단지 바이러스나 항체 반응

---

19 Farsalinos, K. et al. (2020). Tobacco and nicotine use during COVID-19 pandemic: Neuroactive ligand-receptor interaction and nAChRs hypothesis. Toxicology Reports, 7, 658-663.
20 Bryan Ardis, Watch the Water (Stew Peters Network, 2022), 영상 인터뷰 및 해설 참조.

이 아닌, "지속해서 체내에서 생성되고 있는 독성 단백질의 결과"라고 본다. 그의 주장에 따르면, mRNA 플랫폼은 백신 접종 수개월 이후에도 여전히 체내에서 스파이크 유사 단백질을 생성하며, 이는 장기적인 신경독성, 면역 억제, 순환기 질환, 암 유발 가능성과 연결된다는 것이다[21]. 특히 스파이크 단백질이 정상적인 면역세포, 혈소판, 심근세포와 결합해염증, 응고, 괴사를 유도한다는 점은 이미 다수의 병리학 논문에서 증명되었다[22]. 그러므로 우리의 몸이 병든 것은 우리의 몸이 독을 만들어 내고 있기 때문이다. 우리가 이 사실을 모르고 있을 뿐이다.

4. 백신 접종 이후 초과 사망률과 부작용

일본에서는 정보 공개 청구(FOIA)를 통해서 얻은 216만 명의 사망 통계가 많은 사람들에게 충격을 주었다. 고가네이 시 의원(Koganei City Councillor) 후지카와 켄지는 이 내용을 자세한 설명과 함께 2025년 5월 12일에 자신의 X(옛 트위터)에 올렸다.

---

21 Seneff, S., McCullough, P. (2023). Persistence of Spike Protein Expression Post-mRNA Vaccination. Open Immunology Reports.
22 Hulscher, M. et al. (2023). Autopsy-verified spike protein-induced multi-organ damage in vaccinated individuals. Journal of Clinical Pathology, 76(1), 14-25.

이 내용을 살펴보면 코로나 백신이 더 많이 맞으면 맞을수록 더 많이 사망했다. 이것은 80세 이상 고령층에서 더욱 심각했다. 백신을 4번, 5번, 6번 맞은 어르신들이 백신을 전혀 맞지 않은 분들 보다 더 많이 사망했다. 한 가지 다행한 사실은 2번 맞은 사람들은 단기적으로는 백신을 맞지 않은 사람들보다 사망률이 크게 올랐지만, 나중에는 약간 더 높은 사망률을 보였다. 그러나 맞을수록 사망률이 계속 높아져서 6번 맞은 분들은 비 접종 자들보다 사망률이 끔찍하게 높았다.

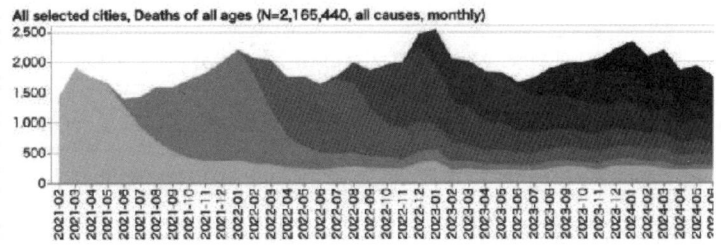

초과 사망에 관해 연구한 전직 블랙록(BlackRock) 투자 포트폴리오 매니저 에드워드 다우에(Edward Dow)는 미국에서 백신으로 인한 초과 사망자가 일주일에 3천 명에서 5천 명 정

도이고 연간 초과 사망자 수는 20만 명에 달한다고 주장했다. 그에 따르면 장애는 4배가 많은 80만 명이고 부상은 10배에서 15배가 많은 200만 명에서 300만 명에 달한다.

문명과 떨어져 사는 아미시(Amish) 여성들을 연구하다가 현실을 깨닫게 된 한 미국 여성은 자신의 SNS에 다음과 같은 글을 남겼다.

"아미시(Amish) 여성들이 백신도 안 맞고, 유산도 없고, 불임 문제도 없고, 자폐도 없고, 암도 없고, 당뇨도 없고, ADHD도 없이 10명 넘는 아이를 낳을 수 있다는 게 나에겐 충격이다. 그래… 그들은 우리를 독살하고 있는 거야."

코로나 백신은 생화학무기(bioweapon)이었다. 이것은 인체 세포를 재 프로그래밍하여 독을 생산하는 공장으로 만들었다. 백신 사망과 백신 부작용 그리고 롱코비드는 바로 그 독의 흔적이며, 중독의 증거다.

5. 마지막 시대의 영적전쟁

하나님께서 친히 창조하시고 거하신다고 하신 것은 인간의 몸, 곧 성전이다.(고전 6:19) 이 성전을 향해, 정체 불명의 합성 유전자와 나노입자, 심지어 독사(毒蛇)의 독을 주입한 이 백신은 명백한 하나님과 교회 그리고 인류를 향한 영적전쟁이었다. 브라이언 아디스 박사는 이 모든 현상을 단호하게 "영적 전쟁"이라고 진단한다. 그는 말한다. "이것은 단지 질병이 아니다. 이는 '진리 인식'을 방해하고 '믿음을 흐리게 하는 독소'다." 많은 사람들은 이 사실을 알지 못한 채 '과학'과 '공공의 이익'이라는 포장 아래 백신을 몸 안으로 받아들였다. '안전하고 효과적이다'라고 선전된 백신은 치료제가 아니라, 성전을 더럽히는 물질이었다.

방역은 또 다른 차원의 세뇌였다. 정부와 미디어는 '살기 위해 복종하라'는 메시지를 반복적으로 주입했다. 사람들은 마스크를 쓰고, 거리를 두고, 예배를 중단하고, QR 코드를 찍으며 점차 '통제에 익숙해지는' 훈련을 받았다. 이는 단순한 공중보건 조치가 아니었다. 그것은 복종의 영을 심는 작전이었고, 자유 의지를 잠재우는 미혹이었다.

이 모든 계획의 배후에는 성경이 경고한 '옛 뱀', 곧 사탄이 있었다. 그는 바벨론의 시스템, 즉 하나님을 대적하는 정치·경제·종교 통합체를 통해 이 마지막 시대를 조종하고 있다. 계시록 18장 23절은 바벨론과 이 세상의 상인들이 "복술 pharmakeia"로 "만국을 미혹하였다"고 선언한다. 여기서 말하는 pharmakeia는 단순한 약이 아니라, 주술과 마법, 정신적 미혹을 의미하는 단어다. 이것이 오늘날 전 세계가 겪은 백신과 방역의 실체였다. 현대의 '상인들', 곧 글로벌 제약회사와 이윤에 눈먼 기업들은 사람들의 고통과 죽음을 비료로 삼아 탐욕을 채웠다. 다시 말해, 백신은 육신만이 아니라 영혼을 공격한 것이며, 방역은 감염병이 아닌 신앙과 진리를 향한 봉쇄였다.

우리는 단순히 전염병 시대를 지나온 것이 아니다. 우리는 하나님의 형상을 지우고자 하는 세력들과, 그에 동조한 인간의 탐욕, 그리고 진리를 흐리려는 미혹의 영이 얽힌 치열한 영적 전쟁의 한복판을 지나온 것이다. 이제는 깨어나야 한다. 이것은 단순한 팬데믹 아니라, 예언된 전쟁의 서막이었다. 우리가 다시 싸워야 할 대상은 바이러스가 아니라, '진리를 대적하는 권세'이며, 우리의 무기는 백신이 아니라 '하나님의 말씀'이어야 한다(엡 6:17).

제 4 장

병원이 처방한 죽음 - 렘데스비르

"사람의 피를 흘리면 그 사람의 피도 흘릴 것이니,
이는 하나님이 자기 형상대로 사람을 지으셨음이니라."(창9:6)

1. 죽음의 병상이 되다

팬데믹 기간, 수많은 사람들이 병원으로 실려 갔다. 호흡이 가빠졌고, 산소가 부족했으며, 가족과 작별할 시간조차 허락되지 않았다. 그들 중 많은 이들은 다시는 돌아오지 못했다. 왜인가? 정말 바이러스 때문이었는가? 아니면 병원에서 처방된 단 하나의 약물 때문이었는가?

미국 NIH와 CDC가 "가장 효과적인 치료제"라고 승인했던 약물의 이름은 렘데시비르 Remdesivir였다. 그러나 이 약에 대해서 잘 알고 있었던 의사들은 다음과 같이 불렀다: "죽음의 칵테일"[23]

2. 치료인가, 살인인가

렘데시비르 Remdesivir는 원래 에볼라 치료 후보물질이었다. 그러나 임상시험에서 높은 사망률로 인해 중단되었고, 2020년에 갑작스럽게 COVID-19 치료제로 부활했다.

그리고 병원들은 정부의 프로토콜을 따르며 이 약을 표준으로 처방하기 시작했다. 그 결과는 끔찍했다.

- 수일 내에 신장 기능 저하
- 폐에 수분이 차오르는 의료적 익사
- 급격한 산소 포화도 저하와 의식 상실
- 인공호흡기 사용
- 그리고… 죽음

의사들은 이 과정을 "COVID의 심각한 합병증"이라고 설명했다. 그러나 진실은 달랐다. 사람들을 죽인 건 바이러스가 아니라, 병원이 처방한 독, 렘데시비르 Remdesivir였다.[24]

---

23 Dr. Bryan Ardis, Watch the Water, Stew Peters Network, 2022.
24 Beigel JH, et al., "Remdesivir for the Treatment of Covid-19 — Final Report," New England Journal of Medicine, 2020.

3. 약이 독이 되는 순간

렘데시비르 Remdesivir는 면역을 회복시키는 약이 아니었다. 그것은 신장 기능을 마비시키고, 폐에 수분을 몰리게 하여 사람을 의료적 익사 상태로 몰아넣는 독성 약물이었다. 그런데도, 이 약은 전 세계에서 '치료제'로 채택되었다.

한국도 예외가 아니었다. 2020년 6월, 식품의약품안전처(식약처)는 렘데시비르 Remdesivir를 코로나19 치료제로 특례 수입 및 긴급 사용을 승인하였다.[25] 그 이후 다수의 병원에서 해당 약물이 중증 환자에게 투약되었고, 국내 언론은 이를 "희망의 치료제"로 보도했다. 하지만 그 약을 맞은 환자들 가운데 며칠 내에 신장 기능 저하, 호흡 부전, 사망 사례가 이어졌다. 그러나 의사는 '바이러스 합병증'이라고 말했다.

국민은 "치료받고 있다"라는 믿음을 가졌고, 병원은 정부의 권고에 따라 "표준 치료"를 시행했다. 그러나 많은 환자들은 다시 집으로 돌아오지 못했다. 렘데시비르 Remdesivir는 세계적 구조 속에서 죽음을 조용히 정당화한 독이었다. 이처럼 한국도 세계적 복술pharmakeia 체계에 동참했다.

---

25   식품의약품안전처 보도 자료, "렘데시비르, 코로나19 치료제로 특례 수입 결정," 2020년 6월 3일.

4. 죽음의 프로토콜에 저항한 자들의 증언

2021년, 미국의 수많은 가정에서 같은 비극이 반복되었다. 그러나 어떤 이들은 의사와 싸우면서 진짜 치료제를 자기 가족에게 투입했다. 케이트 달리(Kate Dolly)라는 라디오 호스트는 남편이 입원했을 때 렘데시비르 Remdesivir를 거부하고 비타민 C 정맥주사, 고용량 비타민 D, 그리고 부데소나이드 Budesonide를 요구했다. 그 후 그녀는 건강한 남편을 데리고 병원을 떠날 수 있었다. 필자의 지인도 코로나에 걸렸을 때 필자가 언급했던 하이드록시클로로퀸(hydroxychloroquine)을 의사에게 요구한 후 다른 환자들보다 훨씬 더 빠르게 병원을 떠날 수 있었다. 그러나 안타깝게도 많은 분들이 약물로 인한 희생자가 되었다.

5. 병원은 더 이상 피난처가 아니다.

한때 우리는 병원을 신뢰의 공간으로 여겼다. 생명이 시작되는 곳, 죽음 앞에서 마지막으로 의지할 곳, 하나님이 주신 지혜가 활용되는 곳. 그러나 오늘날 복술 Pharmakeia이 그 거룩한 공간을 점령했다. 그 당시 병원은 더 이상 히포크라테스 선서를 지키는 곳이 아니었다. 그곳은 데이터와 통계를 위한 실험장이 되었고, 사망률 조정과 보험 청구를 위한 구조화된 공간이 되었다.

6. 깨어나야 한다.

병원에 가는 것이 죄는 아니다. 약을 먹는 것이 죄악은 더더욱 아니다. 그러나 오늘날의 시스템 안에서, 아무 의심 없이 따르는 것은 심각한 영적 위험을 불러온다. 우리는 질문해야 한다.

"무엇이 내게 투여되고 있는가?"

"이 약은 누구의 손에서 나왔는가?"

"나는 나의 몸과 영혼을 하나님 아닌 누군가에게 위탁하고 있는가?"

만약 우리에게 분별력이 없다면 복술 Pharmakeia의 희생양이 될 것이다.

7. 그리스도만이 진짜 치료자이시다

예수께서는 이 땅에 오신 목적을 분명히 말씀하셨다:

"주께서 내게 기름을 부으사 가난한 자에게 복음을 전하게 하시고 마음이 상한 자를 고치며 사로잡힌 자에게 자유를, 눈먼 자에게 다시 보게 함을 전파하며…"(눅4:18)

렘데스비르Remdesivir도, 백신도, 현대의 약물도 우리의 몸과 마음, 영혼을 완전히 고칠 수 없다. 약은 도구일 뿐, 진정한 치유자이자 진리는 예수 그리스도이시다.

　우리는 이제 어느 길을 택할 것인가? 우리는 더 이상 거짓 치료를 묵인하지 말아야 한다. 그 거짓 약을 거부하는 것이 죄가 아니다. 그 속의 거짓을 분별하지 않는 것이 큰 문제다. 이 시대에 필요한 것은 진리의 칼을 든 영적 분별력이다. 복술Pharmakeia이 휩쓸고 있는 이 시대에, 우리는 다시 외쳐야 한다:

　"나의 치유자 되신 예수여, 이 거짓의 시대 속에서 나를 지켜주소서."

제 2부

어둠의

세력들

"또 내가 보니 용의 입과 짐승의 입과 거짓 선지자의 입에서 개구리 같
은 세 더러운 영이 나오니 이는 귀신의 영이라.
이적을 행하여 온 천하 임금들에게 가서 하나님 곧
전능하신 이의 큰 날에 있을 전쟁을 위하여 그들을 모으더라."

(요한계시록 16:1-14)

제5장

사탄의 삼위일체
- 용, 짐승, 거짓 선지자

우리는 지난 몇 년 동안 인류 역사상 가장 거대한 공포를 목격했다. 언론은 연일 죽음의 숫자를 머리기사로 띄웠고, 사람들은 이웃을 바이러스 운반자로 의심했다. 정부는 구원자의 얼굴을 하고 나타났다. 봉쇄, 마스크, 거리 두기, QR코드가 마치 생명을 구하는 의식처럼 강요됐다. 그리고 마지막으로, 백신이 '유일한 해답'이라고 선포됐다.

하지만 그 열매는 무엇이었는가? 경제 붕괴, 고립된 노인들, 늘어나는 자살, 가족의 분열, 교회의 침묵과 타협, 심각한 부작용을 입은 이들과 사망자 가족들의 절규. 이것은 단순한 공중보건의 실패가 아니었다. 그 배후에는 살인자가 있었다. 예수님께서 밝히신 대로, 사탄은 처음부터 살인한 자이며 거짓의 아비다. 그는 사람들을 보호하겠다며 접근하지만, 진리를 짓밟고 생명을 앗아간다.

더 무서운 점은 악의 모습이다. 악은 광명한 천사로 가장한다. 이번에도 악은 '인류를 바이러스로부터 구원하겠다'라는 천사의 탈을 쓰고 나왔다. 하지만 악의 목적은 구원이 아니라 통제였다. '건강'을 핑계 삼아 사람들을 격리하고, 서로를 감시하게 하고, 디지털 족쇄를 채웠다. 이 모든 것의 배후에는 거짓말쟁이요 살인자인, 이 세상의 신 곧 사탄이 있다. 그는 자신이 만든 이 땅의 강력한 두 가지 조직과 함께 하나가 되어서 전 세계를 속였다.

1. 어둠의 삼위일체가 드러나다.

성경은 마지막 시대에 인류를 사로잡을 가장 정교하고 강력한 사탄 적 연합을 폭로한다. "용의 입과 짐승의 입과 거짓 선지자의 입에서 개구리같은 세 더러운 영이 나오니"(계16:13) 바로 용, 짐승, 거짓 선지자라는 세 상징적 인물이다. 용은 사탄 자신이지만 짐승과 거짓 선지자는 사탄의 전략적 걸작품이다. 이들은 어둠의 '삼위일체'를 완성한다. 이 사탄의 삼위일체는 마치 삼위일체 하나님이 완전한 사랑, 진리, 생명을 세상에

부으시는 것처럼, 완전한 거짓, 미혹, 죽음을 세상에 퍼뜨린다.

2. 용 – 옛 뱀, 사탄

사탄의 지배 야망은 예수님께서 광야에서 받으신 시험에서 명확히 드러난다. 40일 금식 후 극도로 약해진 예수님께 사탄은 이렇게 제안했다:

"이 모든 권위와 그 영광을 내가 네게 주리라. 이것은 내게 넘겨준 것이므로 내가 원하는 자에게 주노라. 그러므로 네가 내게 경배하면 다 네 것이 되리라." (눅 4:6-7)

이것은 허세가 아니었다. 인간의 타락 이후 세상의 통치권이 사탄에게 넘어간 현실을 드러낸 것이다. 사탄은 이 권력을 미끼로 사람들을 유혹한다.

"나를 경배하면 권력을 주겠다."

이 치명적인 거래는 수많은 제국과 왕국, 정치인, 재벌, 심지어 종교 지도자까지 그의 노예로 만들어 왔다. 용(사탄)은 모든 악의 영적 배후 세력이다. 그의 오랜 야망은 마지막 시대에 절정을 이룬다. 그는 사람들을 지배하고, 하나님을 대적하도록 이끈다. 우리 눈으로는 볼 수 없었지만, 그는 팬데믹 사기극 때 모든 민족을 속인 최종 보스였다.

3. 짐승 – 적그리스도와 세계 단일 국가

계시록 13장은 바다에서 올라오는 짐승을 묘사한다. 이 짐승은 단일한 세계 정치 권력을 상징하며, 적그리스도와 그의 통치 체제를 가리킨다. 이 권력은 전 지구적 통제와 감시를 통해 인류를 결박하고, 반대 자들을 제거한다. 짐승(적그리스도의 세계 단일 국가 체제)는 폭력과 억압을 통해 사람들을 통제하며, 거대한 권위와 공포를 무기로 한다. 모든 인류가 같은 규칙을 따르게 하고, 강제적인 순종을 요구한다.

2020년, 세계는 하나의 언어를 사용하기 시작했다. 그 언어는 사랑도 정의도 아니었다. 그것은 통제의 언어였다.
"안전하게 살고 싶다면 접종하십시오."
"당신과 가족을 지키려면 동의서에 서명하십시오."
"이동과 생존을 원한다면 QR을 보여주십시오."
전 세계 정부는 동시적으로 국경과 도시의 이동을 제한했고, QR 기반 디지털 신분 체계를 도입했으며 백신 접종을 매매, 출입, 교육, 종교 행위의 조건으로 삼았다.

한국의 사례는 특히 적극적이었다. 미접종자는 카페, 도서관, 식당, 예배당에 들어갈 수 없었고 공공기관은 접종 여부를 기록하고, 거부자는 고용에 불이익을 받았다. 심지어 병원에서도 환자가 백신을 거부하면 치료가 제한되었다. 이 모든 조치는 계시록 13장의 '표 시스템'을 예행 연습한 구조였다. 이 때 마지막 때 예언된 적그리스도는 아직 직접 등장하지 않았지만, 그의 시스템은 이미 만들어져 가고 있었다. 이제는 예언된 적그리스도가 나타나더라도 이상하지 않은 그 시대의 문 앞에 우리는 서 있다.

4. 거짓 선지자 – 종교 권위자와 세계 단일 종교

"그가 첫째 짐승 앞에서 이적을 행하고, 그 땅에 거하는 자들을 미혹하여 짐승에게 경배하게 하니라." (계 13:12)

계시록은 땅에서 올라오는 또 다른 짐승을 거짓 선지자로 묘사한다. 이 존재는 적그리스도를 돕는 종교 권위자로서, 세계 단일 종교를 구축한다. 그는 적그리스도를 숭배하게 하고, 그의 우상을 세우며, 경배를 강요한다. 세계 단일 종교, 바벨론적 혼합주의는 사람의 양심을 마비시킨다. 그것은 사랑과 평화라는 미사여구로 포장되지만, 본질은 하나님을 대적하는 체계다. 거짓 선지자는 종교 권위와 도덕적 명분을 빌려 이 체제를 정당화한다.

놀라운 일은, 백신을 '이웃 사랑'으로 포장한 자들이 정치인이 아니라 종교인들이었다는 사실이다.

"정부의 방역 방침에 순종하는 것은 신앙의 표현입니다."

"백신은 하나님이 주신 선물입니다."

"QR코드는 사랑입니다. 질서를 지킵시다."

이들은 사탄처럼 성경을 인용했지만, 하나님의 뜻을 따른 것은 아니었다. 이들은 언론이라는 거짓 선지자의 말은 들었지만, 성령님께 묻지 않았다. 이들은 사랑을 말했지만, 진리를 기준으로 삼지 않았다. 심지어는 사랑의 방역이라는 이름 앞에 예배를 멈추고 찬양과 복음 전파에 사용될 입에 마스크를 씌웠다.

제 6 장

세 더러운 영 - 귀신의 영

"그러나 성령이 밝히 말씀하시기를, 후일에 어떤 사람들이 믿음에서 떠나 미혹하는 영과 귀신의 가르침을 따르리라 하셨으니."(딤전4:1)

요한계시록 16장은 용, 짐승, 거짓 선지자의 입에서 나오는 개구리 같은 세 더러운 영을 묘사한다. 이것은 마치 출애굽기에서 집과 침실과 화덕 안과 빵 반죽 그릇에 들어갔던 개구리 재앙처럼 전 세계 구석구석에 파고들어 인간의 마음을 오염시킨다. 이 영들은 혐오스럽고 끈질기며, 사람들을 하나님을 대적하는 전쟁으로 끌어들이는 것이 목적이다.

성경은 이 영들을 "귀신의 영"이라 부른다. 그것은 단순한 상징이 아니라 보이지는 않지만 실존한다. 믿는 자들을 인도하시는 성령님처럼 실제로 인간 사회를 지배하고 이끄는 세 가지 주된 힘이다. 팬데믹 때 상황을 볼 때 다음에 나오는 3가지 영이 성경이 말하는 영이 아닐지 생각한다:

1. 두려움의 영 – 공포로 마음을 마비시키다.

팬데믹 초기에 전 세계는 극심한 공포에 사로잡혔다. 언론은 매일 사망자 숫자와 장례식장의 참상을 내보냈다. 사람들은 이성적으로 통계나 나이별 위험도를 따지지 않았다. "네 가족을 살리기 위해서"라는 구호가 모든 비판적 사고를 마비시켰다.

- "사회적 거리를 두지 않으면 살인자"
- "마스크를 벗으면 살인자"
- "백신을 거부하면 살인자"

사람들은 자발적 감시자가 되었고, 이웃을 고발했다. 심지어 교회마저 스스로 문을 닫고 QR코드를 찍지 않으면 예배에 못 오게 했다. "사랑"이라는 이름으로 자유를 내던졌다. 이것이 두려움의 영의 실체였다.

공포는 인간을 이성적 판단에서 떼어낸다. 두려움 앞에서 사람들은 자유와 양심을 포기한다.

사탄은 인류 역사 내내 공포를 무기로 사용해 왔다. 마지막 시대에는 전 세계적 규모로 두려움의 영이 사람들을 굴복시킨다.

2. 거짓의 영 – 진리를 거꾸로 만들다.

계시록의 거짓 선지자는 거짓을 진리로 포장한다. 팬데믹 동안 우리는 이를 똑똑히 보았다.

- 바이러스 공포 과장
- 초기에는 흑사병처럼 묘사
- 나이별 위험과 자연면역 무시
- "모두가 똑같이 위험하다"라는 메시지 반복
- 백신 신화 – "안전하고 효과적이다."
- 심근염, 혈전, 면역 저하 부작용은 은폐
- 돌파 감염 폭증 후에도 책임 회피
- 마스크 거짓말
- 과학적 근거 부족에도 강제
- 어린이와 야외까지 착용 권장
- 의문 제기 전문가들을 음모론자로 낙인
- 방역 정책의 모순
- 자영업자는 파산, 대기업은 번창
- 기준은 불일관, 단속은 편파
- 언론·SNS 검열
- 반대 견해 삭제

- 과학적 질문조차 금지

　이것이 거짓 영의 정체였다. 권력자들은 한목소리로 거짓을 선전했고, 사람들은 스스로 입을 다물었다.
　거짓의 영은 진리를 거짓으로, 거짓을 진리로 보이게 한다. 언론, 교육, 과학, 종교 모든 권위를 빌려 거짓을 퍼뜨린다. 권위자들의 말은 진리처럼 받아들여지고, 반대자는 제거된다. 거짓 선지자처럼 사람들을 미혹하고 영적 분별력을 빼앗는다.

　3. 탐욕의 영 – 모든 것이 이익과 거래다.
　팬데믹은 전 인류의 비극이었지만, 일부에게는 전례 없는 부의 기회였다.

제약 회사
- 백신으로 수십조 원 매출
- 비밀 계약과 면책 특권
- 백신 부작용으로 인한 환자로 더 많은 이익을 얻음

방역 당국과 전문가
- 국가적 영웅으로 추앙
- 강연료, 책 인세, 연구비, 포상금
- 주식 투자

빅테크 기업
- 온라인 서비스 급성장
- 검열 권력 강화

정부의 돈풀기
- 특정 그룹에 대한 지원금
- 위로금과 대출로 인한 부의 이전

대출과 위로금은 인플레이션으로 돌아와 부자는 더 부자가 되고, 서민은 더 가난해졌다. 각 나라의 정부는 가난해졌지만, 백신 관련 글로벌 세력들은 더 강해졌다. 이것이 탐욕의 영이었다. 두려움과 거짓으로 무대가 마련되면, 탐욕은 그 위에서 잔치를 벌인다.

탐욕의 영은 권력과 돈을 위해 생명을 팔게 한다. 이윤을 위해 자유를 제물로 바친다. 불평등과 착취를 정당화하고, 부와 권력을 집중시킨다. 탐욕의 영은 사회적 죄악을 당연한 것으로 만든다.

많은 사람은 코로나19 팬데믹을 단순한 자연재해나 보건 위기로 본다. 그러나 우리는 성경적 시각으로 그것을 직시해야 한다. 팬데믹은 계시록이 예언한 사탄의 삼위일체 전략이 얼마나 실제적이고 효과적으로 작동하는지를 전 인류가 목격한 거대한 '총연습'이었다. 그들이 뿜어낸 이 삼중적 미혹이야말로 인간을 지배하는 사탄의 최종 미혹이다. 마지막 때에는 어둠의 삼위일체가 뿜어내는 영적 독소가 인간을 지배하고 다스릴 것이다.

4. 미혹을 받지 않도록 주의하라

계시록 16장의 세 더러운 영은 마지막 전쟁을 준비한다. 이것은 단일 사건이 아니라, 역사 속에서 반복 연습 되고 정교해진 전략이다. 팬데믹은 그 최신 버전이었다.

· 두려움이 얼마나 쉽게 사람들을 무력화시키는지
· 거짓이 어떻게 단일 담론을 만들고 진리를 억누르는지
· 탐욕이 위기를 기회로 만드는지

예수님이 마지막 날의 징조를 말씀하시면서 가장 먼저 하신 경고가 이것이다.

"너희가 사람의 미혹을 받지 않도록 주의하라."

예수님께서는 거짓 선지자들이 이적을 행해 "택하신 자들도 미혹하려 한다."라고 말씀하셨다.
미혹이야말로 마지막 시대의 최종 무기다. 전염병과 전쟁,

기근도 무섭지만, 가장 무서운 것은 이적과 기사, 거짓된 평화, 그리고 거짓된 희망을 통해 사람을 미혹하는 것이다.

우리는 이제 마지막 시대의 입구에 서 있다. 팬데믹은 단순한 바이러스 문제가 아니었다. 이것은 사탄의 전략이 폭로된 사건이었다.

- 용(사탄)의 교묘한 설계
- 짐승(세계 권력)의 강제적 통제
- 거짓 선지자(권위자)의 감언이설
- 세 더러운 영(두려움, 거짓, 탐욕)의 확산

주님은 이 일이 일어나는 것을 허락하셔서 미리 우리에게 보여주셨다. 이것은 "이제는 마지막 때를 준비하라"는 주님의 애끓는 호소였다. 이것은 저주가 아니라 큰 은혜였다. 이를 통해 더 큰 미혹이 오기 전에 깨닫게 하셨다. 이제는 깨어서 준비해야 할 시간이다.

제 7 장

사탄의 꼭두각시 – 상인들과 땅의 왕들

"그 상인들이 땅의 귀인들이라 네 사치의 풍성함으로
치부하였도다…네 복술Pharmakeia로 말미암아
모든 나라가 미혹되었도다." (계시록 18:23)

요한계시록 17장과 18장은 바벨론을 모든 시대의 거짓 체제, 영적 매춘, 착취와 폭력의 경제 시스템, 영혼을 노예로 삼는 권력의 동맹으로 그린다. 바벨론은 단순히 한 나라나 도시가 아니다. 그것은 하나님을 거역하는 인간의 탐욕과 교만이 극대화된 거대한 네트워크다. 이 시스템은 인류 역사 속에서 여러 얼굴을 바꿔가며 살아남았다.

제국, 기업, 정부, 종교, 금융, 문화 – 모든 권력 구조에 스며

들어 왔다. 특별히 이 체제는 인간과 뗄 수 없는 두 가지 조직과 밀접하게 관계되어 있다.

1. 땅의 왕들 – 권력의 공범들

계시록 18장은 바벨론이 불타오를 때, 땅의 왕들이 그녀를 위해 울부짖는 장면을 보여준다. 왜 울부짖는가? 그녀가 무너지면 그들의 권력도 사라지기 때문이다. 그녀의 사치와 향락과 권위는 이 왕들에게도 돌아갔다. 바벨론의 시스템이 유지되는 한, 그들은 전쟁과 억압으로 세금을 거두고, 인민을 노예로 삼았다. 이 왕들은 바벨론의 사악한 시스템을 설계하고 후원하며 지탱한 공범이었다. 그리고 그녀가 퍼뜨린 거짓, 폭력, 탐욕, 주술 Pharmakeia의 열매를 나눠 먹었다.

2. 현대의 왕들 – 팬데믹과 세계 정부

우리는 이 영적 진리를 추상적인 미래의 일인 것으로만 생각할 수 있다. 그러나 우리 세대에 있었던 팬데믹의 시기에 우리는 땅의 왕들이 어떻게 거짓의 조직과 결탁했는지 똑똑히 목격했다.

· 전 세계 대통령과 정부가 제약사와 계약을 맺었다.
· 시민의 자유를 제한하고, 강제 접종을 추진했다.
· 반대 자들을 음모론자로 낙인찍고 검열했다.

- 백신의 부작용과 사망을 은폐했다.
- 국민의 건강과 생명보다 정치적 권력 유지가 우선이었다.
- 협조하지 않은 정부 지도자들은 암살당하거나 쿠데타를 겪었다.

이것은 우연이 아니었다. 이것은 세계 단일 통제 체제의 그림자였다. 세계보건기구(WHO), 다국적 기업, 세계경제포럼(WEF), 글로벌 엘리트 네트워크가 정치권력을 조율했다. 이것이 계시록이 예언한 바벨론의 권력 네트워크였다.

3. 땅의 상인들 – 부를 위해 영혼을 팔았다.

계시록 18장은 상인들의 죄를 더욱 깊이 폭로한다. 그들은 단순한 중개자가 아니었다. 그들은 바벨론의 사치와 향락을 유지하는 혈관이었을 뿐 아니라 바벨론의 모든 영화를 함께 누리는 파트너였다.

"그 상인들이 땅의 귀인들이라 네 사치의 풍성함으로 치부하였도다."(계18:23)

이들은 세계 경제 시스템의 최상층에 있었다. 제국주의 시대에는 노예무역과 식민지 착취를 정당화했다. 산업화 시대에는 노동자를 기계의 부속품으로 만들었다. 그리고 계시록은 다가올 미래에는 인간의 몸과 영혼까지 상품화한다는 것을 예언한다. 그러나 그 예언은 갑자기 이루어지는 것이 아니다. 그 예언의 완성을 위해서 오늘날에도 부분적으로 이루어져 가고 있다.

4. 노예들과 사람의 영혼을 팔았다.

성경은 이들의 거래를 소름 끼치게 묘사한다:

"계피와 향료와… 노예들과 사람의 영혼들이라." (계18:13)

이것은 단순한 문장 장식이 아니다. 인간이 더 이상 하나님의 형상이 아닌, 거래할 수 있는 물건이 되는 시스템을 폭로하는 것이다.

팬데믹 동안 우리는 이것을 보았다:

- 제약회사들은 백신을 필수품으로 만들어 수십조 원을 벌었다.
- 부작용을 은폐하고, 피해자들을 조롱했다.
- 언론은 광고를 대신해 홍보했고, 진실을 말하는 전문가를 매장했다.
- 의료계와 과학계는 정부의 지시에 순종하며 영혼을 팔았다.
- 빅테크는 반대 의견을 검열하며 독점적 권력을 행사했다.
- 엔터테인먼트 산업은 "연대"와 "사랑"을 외치며 거짓 메시지를 주입했다.

이 모든 산업은 팬데믹을 기회로 삼아 전례 없는 이익을 챙겼다. 그리고 사람은 병들고 죽어갔으며, 자유를 잃었다.

이들이 인류를 미혹하는 데 이용했던 가장 치명적인 방법은 주술Pharmakeia이었다.

"네 복술Pharmakeia로 말미암아 모든 나라가 미혹되었도

다." (계18:23)

현대 사회에서 제약과 의학의 이름으로 이루어진 주술적 지배를 상징한다.

사람들에게 "치유"라는 미끼를 던지지만, 진짜 목표는 지배와 완벽한 통제다.

팬데믹은 이 예언을 문자 그대로 드러냈다:

- 부작용 데이터를 숨기고, 안전성을 허위 홍보했다.
- 돌파 감염이 늘어나도 "더 많은 접종"을 요구했다.
- 면책특권으로 피해자 보상을 거부했다.
- 정부는 비밀 계약으로 국민의 혈세를 쏟아부었다.
- 이 과정에서 상인들은 천문학적 부를 쌓았다.

이것이 현대의 주술 Pharmakeia였다. 그것은 단순한 의료 문제가 아니라, 영혼의 전쟁이었다.

5. 땅의 왕들과 상인들의 공모 – 거대한 거짓의 조직

팬데믹은 단일 사건이 아니었다.

계시록이 경고한 마지막 시대의 거짓 체계가 어떻게 작동하는지 실험한 장이었다.

- 정부와 대통령들 - 법과 강제로 순종을 요구
- 제약회사 - 돈을 벌며 면책특권을 누림
- 언론사 - 광고비와 권력으로 진실을 왜곡
- 과학계 - 연구비와 인정으로 양심을 팔음
- 빅테크 - 검열과 데이터로 여론을 통제
- 엔터테인먼트 - 대중의 감정과 생각을 조작

이 모든 세력은 거대한 음모론이 아니라, 탐욕이 낳은 공모 체제였다. 백신은 단순한 방역 수단이 아니었다. 그것은 거대한 세계 상업 구조의 핵심 상품이었다. 화이자 Pfizer, 모더나 Moderna, 존슨앤존슨 Johnson & Johnson, 아스트라제네카 AstraZeneca 등 글로벌 제약사는 수십조 원의 이익을 얻었다. 정부는 국민 세금으로 백신을 대량 구매했고, 미디어는 이를 의심하는 자들을 '비윤리적'이라 낙인찍었다. 부작용으로 죽은 수천 명, 영구 장애를 얻은 수만 명이 있었지만, 언론은 침묵했고, 제약사는 배상보다 주가를 더 중요시했다.

이것은 앞으로 다가올 바벨론 시스템의 그림자였다. 진리를 짓밟고 사람의 생명을 무시하며, 돈으로 영혼을 사는 시스템. 그 중심에는 치료를 위한 '약'이 아니라, 인간을 죽이는 주술Pharmakeia이 있었다. 이 조직은 거짓을 진리로 포장하고, 사람들을 병들게 하고 죽이면서 부를 나눠 가졌다. 그리고 그리스도인들조차 여기에 동참했다.

그러나 마지막 날에 하나님은 이 체제의 정체를 낱낱이 드러내신다:

- 온 세상을 전쟁으로 불태운 장본인
- 기근과 전염병을 퍼뜨린 흑막
- 약을 가장한 독으로 사람들을 중독시키고 살해한 주술Pharmakeia
- 예언자들과 성도들과 땅 위에서 죽임당한 모든 사람의 피가 묻은 손

바벨론의 멸망은 하나님의 거대한 심판 선언이다.

"스스로 속이지 말라 하나님은 업신여김을 받지 아니하시나니 사람이 무엇으로 심든지 그대로 거두리라."(갈6:7)

그분은 인류를 착취하고 죽음으로 몰아넣는 거짓 체계를 끝장내실 것이다.

6. 하나님이 말씀하신 경고 – "내 백성아, 나오라"

계시록 18장은 무서운 심판 선포와 함께 하나님의 절규 같은 명령이 나온다:

"내 백성아, 그녀에게서 나오라. 그리하여 너희가 그녀의 죄들에 참여하지 말고 그녀가 받을 재앙들을 받지 말라." (계 18:4)

"이 말씀은 불신자에게가 아니라 "내 백성"에게 주어진 것이다." 하나님을 믿는다고 자부하는 이들도 바벨론의 시스템에 너무 쉽게, 너무 깊게 동참한다.

- 탐욕 때문에
- 진리를 보지 못한 채 거짓을 믿어서
- 사회적 압력과 두려움 때문에
- 선한 의도로도 속아서

교회는 정부 명령을 비판 없이 따랐다. QR코드가 예배의 조건이 되었다. 반대 목소리를 "이기적"이라 비난했다. 양심과 자유를 거짓된 사랑의 이름으로 팔았다.

계시록 18장은 화려했던 바벨론의 멸망을 예언한다. 그 사치, 권력, 부, 향락은 한순간에 불타 재가 된다.

"그녀와 함께 음행하고 사치하던 땅의 왕들이 그녀의 불타는 연기를 보고 울며 가슴을 친다."(계18:9)

문제는 그때까지 바벨론 안에 남아 있는 자들이다.
그들은 함께 심판받는다.
하나님은 오늘도 우리에게 외치신다:

"내 백성아, 나오라."
바벨론의 시스템에서 나와라.
그 거짓과 탐욕의 죄에 참여하지 마라.
그녀가 받을 재앙에 함께 휩쓸리지 마라.

지금은 선택의 시간이다.
우리는 거짓의 조직에 영혼을 팔 것인가?
아니면 진리와 함께 고난을 받을 것인가?
이제는 깨어나 준비할 시간이다.
기름이 준비되었을 때 마지막 날 주님의 부르심 앞에서 담대히 설 것이다.

제 8 장

약과 의료에 감춰진 진실

"어떤 길은 사람의 보기에 바르나 필경은 사망의 길이니라."
- 잠언 14:12

당신은 병원, 보건소, 혹은 의사협회 로고에서
이상한 뱀의 형상을 본 적이 있는가?
막대기에 감긴 한 마리 뱀. 또는 두 마리.
날개 달린 지팡이에 우아하게 몸을 휘감은 형상.
우리는 어릴 적부터 그 기호에 익숙해졌다.
그리고 아무 의심 없이 받아들였다.

"치유의 상징이니까."
"고대 그리스 신화에 나오는 거잖아요."

하지만 질문하자.
왜 '치유'를 상징해야 할 로고에 하필 '뱀'이 등장하는가?
그 단순한 의문은, 우리 시대 가장 거대한 속임수의 입구로 우리를 인도한다.

1. 뱀의 유산 – 고대의 상징에서 백신 주사까지
고대 이집트의 신전, 바벨론의 벽화, 인도와 메소포타미아의 상형문자,
그리스의 철학, 로마의 제국 정치에 이르기까지
뱀은 언제나 인류의 곁에 있었다.
때로는 생명과 치유의 상징으로,
때로는 유혹과 파괴의 대명사로.
그러나 성경은 이 뱀의 실체를 정확히 드러낸다.
"여호와 하나님이 지으신 들짐승 중에 뱀이 가장 간교하더라." (창 3:1)
바로 그 뱀이 인간에게 다가와 속삭였다.
"정녕 죽지 아니하리라…" (창 3:4)
그리고 인류는 타락했다.
이제 보라.

세계보건기구(WHO)의 로고.
미국 의사협회(AMA)의 상징.
심지어 바티칸 교황 의복에 새겨진 뱀의 지팡이.
도대체 왜, 그토록 '성스러운 치유'의 자리마다
고대 타락의 상징인 뱀이 감겨 있는가?
이것은 우연이 아니다. 이것은 상징이다. 그것도 의도적인
상징이다.

2. 바포멧과 "두 마리의 뱀" – 사탄적 통합의 상징

중세 이후 사탄주의에서 등장한 상징적 존재, 바포멧.
염소의 머리, 여인의 가슴, 남자의 근육, 박쥐의 날개.
그는 모든 이질성을 통합한 존재다.
그의 팔에는 두 단어가 새겨져 있다.
　"Solve (분리하라)"
　"Coagula (결합하라)"
창조주 하나님을 흉내 내는 이 철학은,

인간 본질의 해체와 재구성을 의미한다.[26]

그리고 그의 배 - 그 중심에는 지팡이에 감긴 두 마리의 뱀이 있다.

이것이 바로 고대의 카두세우스(Caduceus)에서 유래되며, 이 상징은 현대 미국의 군의관, 제약 산업, WHO 문양에까지 널리 퍼져 있다.[27]

이는 의학이 단순한 과학이 아닌, 신비주의적 상징 아래 통제 철학과 연결되어 있음을 시사한다.[28]

3. 히포크라테스의 선서 - 진실로 "해를 끼치지 말라"는 뜻인가?

"의사는 생명을 살리는 존재."

"의사는 절대 해를 끼치지 않는다."

정말 그런가?

우리는 '히포크라테스 선서'를 그렇게 기억한다.

하지만 그 원문을 보면 그 믿음은 깨진다.

---

26 UN Web TV, "BTS Address the UN General Assembly," United Nations, September 20, 2021. https://media.un.org/en/asset/k1g/k1g5j4pvgw

27 국민일보, "대형 교단장 '방역 지침 어기면 죄' 발언 논란," 국민일보, April 23, 2021. https://news.kmib.co.kr/article/view.asp?arcid=0015794172

28 Catholic Peace Broadcasting (CPBC), "서울대교구 '백신 송' 캠페인 영상," YouTube, June 2021. https://www.youtube.com/watch?v=xJq2tS_ZBk

"나는 아폴로, 아스클레피오스, 히기에이아, 파나케이아…
그 외의 모든 신들을 증인으로 하여 맹세하노라."[29]

이것은 하나님을 향한 신앙 고백이 아니었다.
이것은 이방신에게 충성을 맹세한 우상숭배의 서약이었다.
치유의 신 아스클레피오스는,
지팡이에 뱀이 감긴 그 고대의 신이다.
그리고 오늘날에도 수많은 의대 졸업식에서,
이 서약의 후신이 의도치 않게 반복된다.
무의식 속에서-
의사들은 과거의 어둠을 이어받고 있는 것은 아닐까?
그리고 그들이 WHO, 제약회사, 방역정책의 도구로 사용될 때, 우리는 묻지 않을 수 없다.
　"그들은 누구를 섬기고 있는가?"

4. 록펠러의 등장 – 의학의 신이 된 자

20세기 초.
한 남자가 현대 의학을 창조했다.
존 D. 록펠러.

---

[29] World Health Organization. (2025). World Health Assembly adopts historic Pandemic Agreement to make the world more equitable and safer from future pandemics, May 20, 2025.

그는 오일산업의 제왕에서 의학의 신이 되었다.

그는 재단을 만들었고,

전통의학과 자연요법을 '미신'으로 낙인찍었다.

그는 학교를 장악했고,

의대 교육은 화학 중심의 제약 프로토콜로 재편되었다.

그는 "석유에서 만든 약"으로 병을 다스리는 시대를 열었다.

그리고 전 세계는 그에게 무릎 꿇었다.

오늘날 병원에서 자연치유를 말하면 사이비라 불린다.

대체의학을 말하면 불법이 된다.

이 모든 시스템의 설계자- 록펠러.

그리고 그 뒤에는?

프리메이슨, 카발라, 바포멧의 상징들.

그는 단지 사업가가 아니었다.

인간의 생명을 통제하는 자로 군림했다.

5. WHO, UN, 그리고 주술 Pharmakeia

"보건"과 "질서"를 말하는 자들이

가장 비과학적이고, 가장 통제적인 구조를 만들고 있다.

세계보건기구 WHO.

유엔 UN.

그들은 백신패스, QR코드, 디지털ID를 강요하며

인류의 행동과 선택, 사고와 이동을 통제하고 있다.
WHO는 록펠러 재단의 자금으로 설립되었고,
그 결정권은 선출되지 않은 글로벌 엘리트에게 있다.
그들은 백신을 강요했고,
진실을 말한 의사들을 침묵시켰다.
그리고 성경은 경고했다.
"네 복술(pharmakeia)로 말미암아 만국이 미혹되었도다."
(계 18:23)

6. 뱀의 독, 현대 약물 속에 살아 있다

GLP-1 작용제(오젬픽, 웨고비, 자디언스, 마운자로 등)는 미국 남서부 사막에 서식하는 독도마뱀(킬라 몬스터)의 침에서 추출한 단백질 '엑센딘-4'를 모티브로 개발되었다.[30]

이는 인체 호르몬 GLP-1을 모방하여 인슐린 분비를 증가시키고 식욕을 억제하지만, 부작용과 장기 의존 가능성, 중추 신경계에 대한 영향 등 여전히 논란이 많은 약물군이다.[31]

---

30 Kolterman, O. G., et al. "Pharmacokinetics of Exendin-4", Diabetes Care, 2003.
31 Mayo Clinic Reports, "GLP-1 Agonists: Risks and Benefits", 2022.

흥미롭게도, 이 '독에서 유래한 약'이 오늘날 비만 치료, 당뇨 조절, 심지어 우울증 등 다양한 영역에 걸쳐 대중화되고 있으며, 거의 모든 제약사 로고엔 여전히 '뱀의 형상'이 살아 있다.

7. 결론 : 당신은 누구를 신뢰하는가?

우리는 누구를 신뢰하고 있었는가?
백의의 천사인가?
세계보건기구인가?
과학이라는 이름인가?
그들이 들고 있던 그 지팡이엔,
뱀이 감겨 있었다.
우리는 이제 묻지 않으면 안 된다.
그들은 치유를 주려 했는가,
아니면 조용히 통제하고 있었는가?
  사탄은 빛의 천사로 가장해 온다 (고후 11:14).
그는 백신의 탈을 쓰고 오며,
의학과 구호의 외투를 입고,
사람의 몸과 마음과 영혼을 동시에 묶는다.
그리고 사람은 말한다.
  "고맙다. 구원받았다."

그러나 그 구원은
진짜 구원이 아니다.
깨어나라.
그 뱀의 지혜는
결코 생명을 주지 않는다.
생명은 오직 한 분,
예수 그리스도로부터 온다.

제 9장

사탄의 7곱 선동조직 - 침묵한 교회

"여호와께서 미워하시는 것 곧 그의 마음에 싫어하시는 것이
예닐곱 가지가 있으니…
거짓된 혀와… 거짓을 말하는 망령된 증인과 및 형제 사이를
이간하는 자니라."(잠6:16-17)

2020년, 인류는 이전과는 전혀 다른 세계에 진입했다. 공포가 일상이 되었고, 이성과 분별은 '과학'이라는 이름 아래 침묵당했다. 그러나 이 혼란은 우연히 찾아온 것이 아니었다. 세계를 집어삼킨 팬데믹은 단순한 의료 위기가 아니라, 사탄의 일곱 기둥이라 불릴 수 있는 통제 구조가 작동한 결과였다. 그 구조의 본질은 '거짓'이었다. 그리고 이 거짓의 바벨탑 앞에서, 진

리를 외쳐야 했던 교회는 침묵했다.

사탄의 일곱 기둥 - 거짓의 연합 구조

1. 정부 - 강제된 신념의 유통자

정부는 헌법과 국민의 자유를 수호해야 했지만, 오히려 통제의 가장 앞선 선구자가 되었다. CDC와 FDA는 부작용들이 쏟아짐에도 불구하고 "백신은 감염 예방에 효과적이다"라는 거짓을 1년 넘게 유지했다[32]. 한국, 독일, 이탈리아 등은 백신 패스를 통해 미접종자를 사회에서 배제했다. 백신 이상 반응 신고 시스템(VAERS)에 수십만 건의 이상 반응과 사망 사례가 기록되었지만 "인과관계 없음"이라는 말 한 마디로 묵살되었다[33]. 진짜 팬데믹은 바이러스가 아니라, 정부 기관이 유포한 거짓이었다.

2. 언론 - 반복된 거짓은 진실이 된다.

언론은 진실을 드러내는 '제4의 권력'이 아니라, 권력과 자본의 하수인이 되어 거짓을 포장하는 기계가 되었다. CNN, BBC, NYT 등 전 세계 주요 언론들은 팬데믹 초기부터 제약사와 정부 기관의 발표를 거의 그대로 받아쓰듯 보도했다. 한국

---

32 World Economic Forum. (2022). Digital Health Certification and ID Integration Models.
33 Michael S. Heiser, The Unseen Realm(Lexham Press, 2015), 103-110.

의 주류 언론도 앵무새처럼 그들과 똑같은 소리를 냈다. 반대 의견, 백신 피해 사례, 과학적 이의제기는 '가짜 뉴스'로 낙인찍혔다. 이들 언론사의 광고 수익은 상당 부분 제약사에게서 나온 것이었다[34]. 언론은 진실의 수호자가 아니라, 권력의 메시지를 감싸는 포장지였다."

3. 빅테크 – 알고리즘 독재와 감시의 신정국가

Google, YouTube, Facebook, Twitter 등 빅테크는 정보의 흐름을 통제하는 사실상 '디지털 제사장'으로 떠올랐다. 팬데믹 초기부터 '허위 정보 대응 TF'를 조직하고 수십만 건의 콘텐츠를 검열, 삭제, 차단했다. 검색어 자동완성, 추천 알고리즘, SNS 노출 제한 등은 특정 방향의 사고만 하도록 유도했다[35]. 일론 머스크가 트위터를 인수한 후 Twitter가 FBI, 백악관과 공동으로 검열 리스트를 운영한 사실이 "트위터 파일"을 통해 폭로되었다[36]. 현대의 독재는 탱크와 군홧발이 아니라, 빅테크의 알고리즘과 알림창으로 만들어졌다.

---

34 1 Enoch 7-10; Jude 6. See also Chuck Missler, Return of the Nephilim(Koinonia House, 1997).
35 Henry M. Morris, The Genesis Record(Baker Books, 2009), 168.
36 Jeffrey M. Smith, Genetic Roulette: The Documented Health Risks of Genetically Engineered Foods(Yes! Books, 2007), 42.

4. 의료계 – 환자보다 시스템에 충성한 의사들

의료는 환자를 위한 과학이 아닌, 정책 수행을 위한 기술이 되었다. 팬데믹 중 수많은 양심적 의사들이 이버멕틴, 고용량 비타민C, NAC 등을 권장했지만 '비윤리적', '비전문적'이라는 명목으로 제재당했다. FDA는 "당신은 말이 아니다. 이버멕틴 먹지 마라"는 조롱성 트윗을 공식 계정에 게재해 공공기관의 품격을 무너뜨렸다[37]. 돈에 점령된 의료는 더 이상 진리를 탐구하지 않았다. 오히려 그들의 주인에게 철저히 복종하였다.

5. 학계 – 진리보다 연구비를 따른 과학

학계는 오랫동안 진리의 등대처럼 여겨졌지만, 실제로는 자금과 정치에 철저히 종속되어 있었다. 백신의 장기 부작용을 연구하려던 시도는 '비윤리적'이라는 이유로 막혔고, 임상시험에서는 대조군을 조기 해제해 비교 자체가 불가능해졌다[38]. 돈으로 배를 채운 이들이 거짓에게 실험복을 입히자 사람들은 거짓을 진리라 부르기 시작했다.

---

37 Pamela Acker, Vaccination: A Catholic Perspective (Kolbe Center for the Study of Creation, 2020).

38 Aldén, M., Olofsson Falla, F., Yang, D., Barghouth, M., Luan, C., Rasmussen, M., De Marinis, Y., & Nilsson, K. (2022). "Intracellular Reverse Transcription of Pfizer BioNTech COVID-19 mRNA Vaccine BNT162b2 In Vitro in Human Liver Cell Line." Current Issues in Molecular Biology, 44(3), 1115-1126.

6. 연예계 – 감동의 조작자들

대중의 감정을 움직이는 가장 강력한 수단은 언론이 아니라, 유명인들과 연예인이었다. 오바마, 레이디 가가, 엘튼 존, 레브론 제임스 등은 백신 캠페인의 얼굴이 되었고, 백악관은 유명 래퍼 Lil Baby와 콘서트를 열어 백신 메시지를 확산했다.[39] BTS는 2021년 UN 총회에서 백신 접종을 강조했고, 이 연설은 수천만 명에게 감동적으로 전달되었다[40]. 유재석, 김연아 등은 광고를 통해 '책임 있는 시민'의 상징으로 포장되었다. 이때는 최고의 설교자는 연예인이었고, 가장 영향력 있는 강단은 무대였다.

7. 종교계 – 빛을 잃은 등대

가장 충격적인 것은, 영적 분별력을 가져야 할 종교계가 이 모든 기둥 중 가장 무력한 동조자가 되었다는 사실이다. 목회자들은 백신을 "이웃 사랑", 마스크를 "믿음의 성숙"이라 선포했고, QR코드를 도입하지 않은 교회는 불법으로 낙인찍혔다. 교황 프란치스코와 사제들은 팬데믹 내내 백신 접종을 "윤리

---

[39] Henry M. Morris, The Genesis Record: A Scientific and Devotional Commentary on the Book of Beginnings (Baker Books, 2009).

[40] Tom Horn, Nephilim Stargates: The Year 2012 and the Return of the Watchers (Defender Publishing, 2007).

적 책임"이라 반복하며, 신앙인을 대상으로 접종을 촉구했다[41].

한국에서도 유사한 일이 벌어졌다. 서울대교구 신자들과 신부들은 백신 송을 제작해 병원과 교회에서 춤추며 퍼뜨렸다[42]. 해당 영상은 유튜브에 업로드되어 많은 언론으로부터 극찬을 받았지만, 백신 피해자들의 목소리는 철저히 무시되었다. 종교는 진리를 전해야 했지만, 세속 권력의 목소리를 대신했다.

다음 펜데믹을 준비하라

성경은 사탄이 자기를 광명한 천사로 가장하기 때문에 영들을 다 믿지 말고 시험하라고 하셨는데 너무나 쉽게 거짓에 넘어졌다. 교회는 거짓에 침묵했고, 미혹을 묵인했으며, 사랑과 순종이라는 핑계로 분별력을 버렸다. 그 결과, 많은 교회는 진리를 외면한 채 세상과 함께 바벨론의 그림자 속으로 걸어 들어갔다. 그러나 이제 올바른 선택의 때다. 진리의 편에 설 것인가, 세상의 편에 설 것인가?

성경은 적그리스도가 나타나면 모든 자, 곧 작은 자나 큰 자나 이마나 오른손에 표를 받게 한다고 말씀하신다.(계 13:16) 백신은 '표'가 아니었다. 그러나 '표를 받을 준비 훈련'이었다.

---

41 World Economic Forum, "Artificial Intelligence and the Future of Governance," Davos Archives, 2022.

42 Pablo Campra, "Detection of Graphene in COVID-19 Vaccines," Univ. of Almería, 2021.

첫째, 이때 우리는 접종 여부로 권리를 제한받는 것에 익숙해지게 했다.

둘째, 이때 우리는 QR코드, 전자 인증 시스템을 통해 디지털 종속을 받아들이는 데 익숙해졌다. 셋째, 공공의 안전이라는 이유로 소수의 의견을 억압하고 차별하는 문화를 만들었다. 넷째, '과학과 정부의 권위'가 성경보다 우선될 수 있다는 분위기를 받아들였다. 이때 우리는 앞으로 다가올 적그리스도의 정치, 거짓 선지자의 종교, 바벨론의 경제 체계가 어떻게 '표' 또는 '백신'이라는 이름 아래 하나로 움직일 수 있는지를 엿볼 수 있었다.

많은 이들이 "이제 끝났잖아. 코로나 지나갔잖아"라고 생각한다. 그러나 이것은 '끝'이 아니라 '시작'이었다. 이제는 더 강력한 것이 다가오고 있다. 국민을 실시간으로 추적하는 디지털 ID, 거래를 조건화할 수 있는 CBDC(중앙은행 디지털 화폐)와 가상화폐, 인간의 DNA까지 변형시킬 수 있는 '표'가 준비되어 있다. 이 모든 것은 계시록 13장의 묘사와 완전히 일치한다. 우리는 지금 이 시스템이 예언을 실현해 가는 현실의 무대 위에 살고 있다.

제 3 부

사탄의

계획

"내가 보매 청황색 말이 나오는데 그 탄 자의 이름은 사망이니, 지옥이 그 뒤를 따르더라. 그들이 땅 사분의 일을 권세로 주어, 칼과 흉년과 사망과 땅의 짐승들로 죽이더라." (계6:8)

제10장

인구감소 - 인류 4분의 1의 죽음

　인류는 지금 한 번도 경험해 본 적 없는 파괴적 격변의 시기에 살고 있다. 눈에 보이지 않는 적들이 사람들을 쓰러뜨리고, 전 세계 도시는 번영 뒤에 가난을 숨기며, 국경을 넘어 전쟁의 불길이 번지고, 시장은 통제된 기근을 팔아넘기고 있다. 이것은 단순한 우연의 연쇄가 아니다. 그것은 계획되고 추진된 재앙이다. 그리고 우리는 그 거대한 설계도의 한가운데서 살고 있다.

　요한계시록 6장에 기록된 '네 말 탄 자'는 오늘을 사는 우리를 위한 경고장이자 해석서이다. 그것은 상징적 신화가 아니다. 우리가 매일 신문에서, 병원에서, 장례식장에서, 뉴스 속 전쟁터에서, 그리고 점점 비어가는 요람에서 확인하는 차가운 현실이다.

1. 흰말 – 거짓 평화와 감시의 가면

첫 번째 봉인이 열릴 때 등장한 흰 말의 기수는 활을 가지고 면류관을 받았다. 그는 이기고 또 이기려고 나아갔다. 그의 모습은 계시록 19장에 나오는 많은 면류관을 가지신 백마를 탄 예수님과 흡사하다. 그러나 예수님은 입에서 나오는 검을 사용하셨는데 이자는 활을 사용했다. 또 예레미야 9;3절에서는 하나님께서 사악한 자들에 대해서 이렇게 말씀하신다. "그들은 활을 쏘듯이 거짓을 말하며, 그 땅에 평화를 말하나, 전쟁을 꾸미고 있다." 그러므로 흰말과 말을 탄 자는 적그리스도 또는 거짓 선지자로 볼 수 있다. 흰 말을 탄 자의 무기는 포탄이 아니었다. 그의 무기는 '거짓'이었다.

2020년 이후 세계는 일사불란하게 통제사회로 전환되었다. QR코드, 백신 패스, 디지털 신분증, 중앙은행 디지털화폐(CBDC), 헬스 여권… 자유의 공간은 점점 좁아졌다. 사람들은 정부, 언론, 그리고 방역 당국에서 하는 말에 매혹되었다. "안전하고 효과적인 백신", "집단면역", "함께 이겨냅시다." 달콤한 구호는 거짓의 화살을 맞은 사람들이 자발적으로 무장을 해제하도록 만들었다.

2. 붉은 말 – 전쟁의 불길과 끝없는 갈등

두 번째 봉인이 열리자 붉은 말이 나왔다. 그는 평화를 제거하고 큰 칼을 받았다. 우크라이나-러시아 전쟁은 그 서곡이었다. 한때 곡창지대였던 땅이 피와 철로 물들었고, 수백만 명이 유럽 전역으로 흩어졌다. 중동은 끝없는 불씨 위에서 다시금 불길을 키웠다. 하마스와 이스라엘의 전면전, 레바논 헤즈볼라, 예멘의 후티 반군, 시리아의 분쟁, 이란의 야망이 세계를 삼킬 도화선이다.

붉은 말은 단순히 군인과 무기로 싸우지 않는다. 정보전, 경제전, 사이버전, 심리전까지 인간 사회의 모든 영역을 전장으로 만든다. 그리고 사람들은 부채와 물가 상승, 인플레이션, 세금 폭탄을 감당하며 이 전쟁을 '지지'하도록 강요받는다. 붉은 말 탄 자의 칼은 피를 흘리게 할 뿐 아니라, 우리 지갑과 마음도 관통한다.

3. 검은 말 – 배고픔과 자원의 통제

세 번째 봉인이 열리자 검은 말이 나왔다. 그는 손에 저울을 들었다. "밀 한 되에 한 데나리온, 보리 석 되에 한 데나리온." 이 말씀은 하루 임금인 한 데나리온으로 밀 한 되(약10.5kg) 또는 보리 석 되(약 15.5kg)을 살 수 있다는 의미로 기근 상황을 알려준다.

세계는 지금 식량 위기의 시대를 맞고 있다. 팬데믹은 공급망을 파괴했고, 전쟁은 곡물 가격을 흔들었다. 우크라이나와 러시아는 세계 밀 수출량의 30%를 차지한다. 이 전쟁이 가격을 폭등시켰다. 이상기후, 가뭄, 홍수, 병충해, 곤충 떼, ESG 규제는 농업을 억누른다. "넷제로"라는 이상을 실현하기 위해 농장을 폐쇄하고, 비료 사용을 규제하며, 육류 소비를 제한한다. 대신 곤충 가루, 인공육, 실험실 식량이 미래의 대안으로 홍보된다. 지금 달걀은 기름보다 비싸고, 쌀은 사치품이 되고, 물은 카드로 긁어야 살 수 있다. 생존이 곧 자본의 문제가 된다.

4. 청황색말 – 죽음과 지옥의 동행

마지막 봉인이 열릴 때 청황색, 창백한 말이 나왔다. 그 위의 기수 이름은 사망이었고, 그 뒤를 따르는 자는 지옥이었다. 그들에게는 땅의 4분의 1을 죽일 권세가 주어졌다. 그러나 이들은 단일한 방식으로 죽이지 않는다. 다른 말들이 사용하는 방법을 포함해서 칼, 기근, 사망, 땅의 짐승등이 동원된다.

팬데믹은 질병의 공포를 심었다. 그리고 mRNA 백신은 질병을 막겠다던 약속 대신 파괴의 문을 열었다. 심근염, 심장마비, 급성백혈병, 면역 저하, 돌연사. 장례식장은 넘쳐났고, 보험회사는 손실을 계산했다. 하지만 그것으로 멈추지 않았다. 세계 각처에서 전쟁이 일어나면서 물가는 폭등했다. 이에 따라서

많은 사람들이 전쟁의 희생자가 되었을 뿐만 아니라 자살을 선택하게 되었다. 청황색 말은 삶의 의미와 존엄을 산산조각 내면서 사람의 생명을 가져간다.

5. 백신 이후의 사망과 질병

mRNA 백신은 인류를 구원할 '과학의 승리'로 포장되었다. 하지만 그 결과는 충격적이다. 심장마비, 뇌졸중, 자가면역질환, 혈전증. "우연사"로 분류된 수많은 갑작스러운 죽음. 그리고 "초과 사망률"이라는 지표가 잔혹한 진실을 폭로했다. 팬데믹이 끝났다고 선포된 뒤에도 여러 국가에서 평년 대비 수십 퍼센트의 초과 사망이 지속되었다. 이것은 단순한 부작용이 아니라, 전 지구적 규모의 살해였다. 그런데도 정부와 언론은 침묵했다. 외려 반대 의견을 검열하고, 경고를 조롱했다.

6. 폭발하는 암, 사라지는 출산

더 충격적인 것은 생명의 씨앗이 죽어가고 있다는 사실이다. 젊은 층에서 암 발병률은 폭발적으로 증가했다. 6개월 만에 말기로 진행되는 "터보 암"이 보고되었다. 여성들은 생리불순, 유산, 조산, 불임을 호소한다. 인류의 출생률은 가파르게 추락했다. 한국, 일본, 이탈리아 등은 이미 인구 붕괴 단계다. 유엔조차 2023년 "출산율 급락은 인류 최대의 위기 중 하나"라고 경고했다. 그러나 그 위기의 원인을 정직하게 직면하려는 이는 드물다. 주사를 맞으면 자유가 주어진다고 선전했던 이들의 거짓이, 이제는 무덤과 불임을 가져왔다.

7. mRNA주사 = 인구 감소 작전

지금, 더는 숨길 수 없는 증거들이 나오고 있다. 2025년도에 나온 두 가지 주요 연구가 mRNA 주사가 인류의 생식 능력을 심각하게 마비시키고 있다는 사실을 확인했다. 우선 동물 실험에 따르면 mRNA 주사가 여성의 재생 불가능한 난자 저장고(원시 난포)의 60% 이상을 파괴했다. 다른 인간 대상 연구(n=130만)에 따르면 COVID-19 백신 접종 여성은 미접종 여성보다 임신 성공률이 약 33% 감소했다. 그런데도 어떤 정부도 이를 막지 않는다.

일본에서는 접종자 1,800만 명을 대상으로 한 연구에서 "극심한 고통을 겪을 위험이 100배 증가"했다는 결과가 나왔다. 2025년 6월 15일, 과학자·언론인·국회의원들이 발표한 이 연구는 백신 접종 후 3~4개월 만에 사망률이 급격히 증가했음을 밝혔다. 이는 백신 미접종자에게서는 관찰되지 않는 추세였다. 도쿄이과대학 RNA 과학 연구센터 부소장 무라카미 야스후미 박사는 이렇게 경고했다. "더 많이 접종할수록 더 빨리 사망할 가능성이 커진다." 그의 연구에 따르면 접종 후 90~120일 사이에 사망률이 급증했으며, 접종 횟수가 늘어날수록 사망 위험은 기하급수적으로 증가했다. 백신에 독성이 없거나 사망을 유발하지 않았다면 그런 정점은 존재하지 않았을 것이다. 따라서 이러한 주사를 여전히 권장하거나 홍보하는 개인이나 기관은 알든 모르든 '인구 감소 작전'에 가담하는 것이다.

8. 현실 속 묵시 – 예언은 이루어지고 있다.

"너희는 너희 아비 마귀에게서 났으니, 그는 처음부터 살인한 자요… 거짓의 아비가 되었음이라." (요8:44)

네 말 탄 자는 단편적 사건이 아니다. 전쟁, 기근, 죽음, 질병-이 모든 것은 인류의 4분의 1을 겨냥한 거대한 심판의 칼날이다. 요한계시록은 소설이 아니다. 그것은 오늘의 현실을 해석할 열쇠다. 우리는 불타는 세상 위에 서 있다. 감시와 통제가 자유를 파괴하고, 전쟁이 피를 뿌리고, 기근이 배고픔을 무기로 삼으며, 백신이 생명을 앗아가고 있다.

흰말, 붉은 말, 검은 말, 청황색 말은 달리고 있다. 사망과 지옥이 그 뒤를 따른다. 그리고 우리는 선택의 갈림길에 서 있다. 하나님은 이 시대의 교회와 모든 이들에게 경고하신다. "깨어 있으라, 너희가 어느 날에 너희 주가 임할는지 알지 못함이니라."(마24:42) 이제는 눈을 뜰 때이다. 침묵이 곧 공범이 되는 시대다. 진실을 말하는 것이 위험이 된 시대다. 그러나 진실을 말하지 않는 자는 결국 거짓을 전하는 자와 다를 바 없다. 우리는 어느 편에 설 것인가? 지금, 네 말들의 발굽 소리가 더욱 크게 울리고 있다.

제 11 장

세계단일국가 - 이들이 준비하는 세상

"또 권세를 받아 사십이 달 동안 짐승이 입을 벌려 하나님을 향하여 훼방하되…" (계 13:5-6)

1. 짐승의 권세는 이미 '통합'을 준비하고 있다.

요한계시록은 이렇게 경고합니다: "또 권세를 받아 모든 족속과 백성과 방언과 나라를 다스리리라." (계 13:7)

이것은 단순한 상징이 아니다. 짐승의 권세는 전 세계가 하나의 통치 아래 놓이는 단일 정치 체계를 예언한다. 오늘날 말하는 "글로벌 거버넌스(Global Governance)"의 실체이다. 이 권세는 처음부터 폭력적인 독재로 나타나지 않는다. "더 나은 세상", "지속가능성", "포용"이라는 언어로 포장된다. "공동선을 위한 희생"을 미덕으로 설파하며 자발적 동조를 유도한다. 국민이 스스로 자유를 내어주도록 유도하는 것이다. 모두가 '안전'을 원하도록 만들고, 모두가 '하나됨'을 갈망하게 하고, 서로를 감시하게 만든다. 그리고 그렇게 통합될수록 진리와 자유는 검열되고 사라진다. 이것이 기만적인 통치의 본질이다.

2. 단일 정부를 실현하는 세력들
1) 세계경제포럼(WEF) 그레이트 리셋(Great Reset)

세계경제포럼(WEF) 창립자 클라우스 슈밥은 "코로나는 기회다. 우리는 더 나은 세계를 위한 리셋을 시작해야 한다."라고 말했다. 세계경제포럼(WEF)은 "공동의 미래를 재 설계하겠다"라며 글로벌 통합을 주창하며 다음의 내용을 강조한다:

- 디지털 ID
- 글로벌 백신 여권
- 중앙은행 디지털 화폐(CBDC)
- 탄소 배출 개인 할당제
- AI 기반의 전방위 감시 체계

최근 회의에서는 ESG(Environmental, Social, Governance) 지표를 활용해 기업과 개인의 "사회적 책임"을 점수화하고, 금융·투자 접근성까지 제한하는 모델을 제안했다. "지속가능성"

이라는 달콤한 명분 아래, 자유를 제한하고 데이터와 AI가 심판관이 되는 시스템을 설계하는 것이다.

2) 세계보건기구(WHO) - 팬데믹 조약

WHO는 2025년 5월 20일, 세계보건총회(WHA)에서 팬데믹 조약(Pandemic Accord)을 124개국의 찬성으로 채택했다[43]. 이 조약은 단순한 보건 협약이 아니다. 차기 팬데믹 발생 시 WHO가 각국 정부에 백신 접종, 이동 제한, 정보 검열을 강제 명령할 수 있는 초국가적 권한을 갖는다. 병원체 접근과 이익 공유(PABS) 조항은 제약사 생산량 일부를 WHO가 직접 배분·통제할 수 있게 했다. 일부 조항은 국가의 방역 주권보다 상위의 긴급 권한으로 해석된다. 이것은 공중보건을 명분으로 한 세계 단일 권력의 법적·제도적 기반을 완성한 역사적 전환점이다.

3) 유엔과 글로벌 NGO들 - 국제법 위의 네트워크

유엔은 지속가능발전목표(SDGs)아래 전 세계의 통일된 교육, 의료, 환경, 복지 정책을 추진한다. 수천 개의 NGO와 빅테크 기업, 데이터 기업이 이 목표 아래 연결되어 정보를 공유하고 전략을 통일한다. 이러한 네트워크는 국가의 법과 주권을

---

43 Ricardo Delgado et al., "Self-assembling Nanostructures in mRNA Vaccines," La Quinta Columna, 2022.

넘어서서 사실상 강제력을 행사할 수 있는 권위를 형성한다. 교육과 미디어를 통해 새로운 세계 시민 의식을 주입하고, 비판적 목소리를 억누른다. "아무도 소외되지 않는 세상"이라는 표어 아래, 개별 국가의 주권과 문화적 다양성을 해체하는 표준화된 하나의 가치체계를 강요하는 것이다.

4) 종교의 통합 운동 - 하나가 되려는 영적 함정

세계 단일 정부는 단지 정치·경제의 문제만이 아니다. 종교의 일치도 중요한 수단이다. 2019년 바티칸과 알 아즈하르(이슬람 최고 권위)가 체결한 '인류 형제애 문서'는 모든 종교가 하나 되어 평화를 이루자고 권고했다. 아부다비에는 기독교, 이슬람, 유대교 예배 공간이 하나로 연결된 '아브라함 패밀리 하우스'가 세워졌다. 세계종교의회, 세계윤리선언 운동은 모든 종교의 공통점을 강조하며 "하나의 영적 공동체"를 추구한다. 이 흐름은 진리를 상대화하고 유일성을 포기하게 만든다. 예수 그리스도의 유일한 구원을 "배타적"이라 비난한다.

AI가 설교문과 기도문을 작성하며, 다 종교적 예배문을 표준화하려는 시도가 확산한다. "보편적 영성"이라는 이름으로 복음을 필터링하고 검열하려 한다. 이 모든 것은 요한계시록이 경고한 말하는 우상과 거짓 선지자가 주도하는 세계 단일 종교의 기반이 될 것이다.

3. 팬데믹 – 거대한 예행연습

2020-2022년. 전 세계는 놀랍도록 같은 구호를 외쳤다:
"과학을 신뢰하라."
"함께 이겨내자."
"지구적 연대가 필요하다."

이것은 단순한 방역 캠페인이 아니라 국가 정체성을 해체하고 글로벌 시민 정체성을 주입하는 심리적 프로그래밍이었다. 당시 대통령들과 총리들의 입에서도 같은 언어가 반복되었다. 미국 대통령, 영국 총리, 캐나다 총리, EU 지도자들이 코로나 대응과 경기 부양책을 설명하면서 "Build Back Better"라는 강령을 공식 채택했다. 국제회의와 언론에서는 "코로나 이후의 뉴노멀", "New World Order"라는 표현이 자연스럽게 사용되었다. 이 메시지는 국가별 차이가 아니라 전 세계 지도자들이 동시에 밀어붙인 통일된 언어였다.

이러한 언어는 공포와 혼란 속에서 사람들의 마음을 다듬고, 국가별 저항심을 무너뜨리고 전 세계가 같은 목표 아래 연대하도록 유도했다.

이것은 단순한 위생을 위한 것이 아니라 "통제를 학습시키는 예행연습"이었다. 그리고 지금, WHO의 팬데믹 조약이 그 일회성 프로그램을 영구적이고 제도화된 시스템으로 만들었다.

4. 세상에 도래하는 영원한 왕국

적그리스도와 그의 추종자들은 영구적인 권세를 꿈꾸지만, 성경은 그들이 결코 성공하지 못할 것을 분명히 예언하고 있다. 비록 적그리스도가 등장하여 강력한 세계 단일 정부를 세우고, 세상을 지배하는 날이 올지라도, 그 통치 기간은 고작 3년 6개월이라는 극히 짧은 시간에 불과하다(계 13:5). 그는 그 짧은 기간 동안 성도들과 싸워 일시적으로 이기는 것처럼 보일 것이다(계 13:7). 이것은 겉으로 보기에 안타까운 예언처럼 보이지만, 한편으로는 명확한 경고이자 희망의 메시지이기도 하다. 왜냐하면 그 시간이 오기 전에는, 적그리스도가 아무리 발악하고 전 세계를 장악하려 해도 결코 온전히 성공할 수 없기 때문이다.

오늘날 우리는 실제로 세계 단일국가를 향한 흐름이 급속히 진행되고 있는 시대에 살고 있다. WHO 팬데믹 조약, 디지털 화폐, 디지털 신분증, 글로벌 감시 체계 등은 모두 하나의 정부, 하나의 통제 시스템을 준비하기 위한 기반이다. 그러나 성경은 단호하게 선언한다. "아직은 아니다." 하나님께서 정하신 그 때가 오기 전까지, 우리는 그 흐름에 휩쓸려 두려워할 필요가 없다. 아직은 하나님의 백성들이 복음으로 승리할 수 있는 시간이다.

예수님은 분명히 말씀하셨다.

"이 천국 복음이 온 세상에 전파되리니 그제야 끝이 오리라" (마 24:14)

이 마지막 시대는 패배의 시대가 아니라 복음의 승리 시대다. 그리스도를 따르는 참된 제자들은 두려움 없이 싸우며, 어둠을 몰아내고, 진리를 담대히 선포할 것이다. 우리는 당하고 있는 자들이 아니라, 이기는 자들이다. 지금은 여전히 복음의 문이 열려 있는 때이며, 하나님께서 정하신 "사탄의 허락된 시간"이 이르지 않았기 때문에, 진리의 복음은 계속해서 열방으로 퍼져나갈 수 있다.

우리는 지금 마지막 시대의 영적 전환점에 서 있다. 사탄은 그의 마지막 카드들을 꺼내 들고 있으며, 세상은 그의 미혹 속으로 깊이 빠져들고 있다. 그러나 바로 이 순간이야말로 하나님의 백성이 일어날 때다. 복술의 영, 두려움의 영, 거짓의 영은 결국 예수 그리스도의 이름 앞에 무릎 꿇을 수밖에 없다. 지금은 도망칠 때가 아니라, 싸워 이길 때다. 참된 제자들은 더 이상 침묵하지 않고, 더 이상 물러서지 않는다. 우리는 진리로 무장한 군사들이며, 복음을 들고 세상 끝까지 달려갈 그리스도의 승리하는 용사들이다.

물론, 성경은 사탄의 때가 임했을 때의 또 다른 승리의 모습을 보여준다. 그 때는 다르다. 성도들은 순교함으로 승리할 것이다.

"그들이 어린양의 피와 자기들의 증언하는 말을 인하여 그를 이기었으니, 그들은 죽기까지 자기들의 생명을 아끼지 아니하였도다"(계 12:11).

즉, 예수님의 제자들은 목숨을 내어주는 희생으로 사탄을 이길 것이며, 이는 하늘에서 가장 위대한 승리로 기록될 것이다. 비록 이 땅에서의 생명은 사라질 수 있지만, 부활의 약속은 가까이 있다. 적그리스도의 3년 6개월 통치가 끝날 때, 예수 그리스도께서 다시 오셔서 그를 심판하시고, 천년왕국을 세우실 것이다. 그리고 그때 우리는, 그분과 함께 왕 노릇할 것이다(계 20:6). 이 세상의 나라는 결국 우리 주와 그의 그리스도의 나라가 될 것이며, 그는 세세토록 통치하실 것이다(계 11:15).

그러므로 우리는 주님의 왕국이 오기 전에도 복음으로 승리하는 자가 될 것이며, 사탄의 왕국이 도래한 이후에도 죽도록 충성함으로 승리하는 자가 될 것이다. 우리는 패배를 기다리는 자가 아니라, 이미 승리를 선포하며 살아가는 하나님의 군사이며, 장차 도래할 영원한 왕국의 백성들이다.

제12장

디지털 통제사회 - 복술pharmakeia의 목적

"또 작은 자나 큰 자나, 부자나 가난한 자나, 자유인이나 종들로 그 오른손이나 이마에 표를 받게 하고… 누구든지 그 표를 가진 자 외에는 매매를 못하게 하니라."(계13:16-17)

1. 접종 기록이 디지털로 기록되는 시대

2020년 팬데믹이 세계를 덮쳤을 때, 전 세계는 일제히 QR코드라는 한 가지 시스템으로 통합되었다.

- 유럽의 그린패스,
- 한국의 백신 패스,
- 미국의 CDC 앱,
- 중국의 건강 코드…

이름과 외형은 다르지만, 목적은 하나였다. 그것은 누가 '시스템에 순종했는가'를 증명하는 도구였다.

이 시스템은 더 이상 단지 백신 접종 여부를 확인하는 수단이 아니었다. 이제 문제는 백신을 맞았느냐가 아니라, 그 '사실'을 디지털로 증명할 수 있느냐였다. 그 어떤 질병보다도, 그 어떤 바이러스보다도, 디지털 인증 시스템이 우리 삶을 더 철저히 통제했다.

2. 모든 사람을 연결한 도구

QR코드는 국적, 신분, 종교와 무관하게 모든 사람을 하나의 권위 아래에 묶는 통로가 되었다. 다음과 같은 일을 위해 코드가 필요했다.

- 교회에 가기 위해
- 식당에 들어가기 위해
- 대중교통을 이용하기 위해
- 병원을 방문하기 위해

이는 단지 방역 정책이 아니었다. 사회적 복종의 예행연습이었다. 그리고 대부분의 사람은 자발적으로 그 훈련에 참여했다. 생존하기 위해서.

3. 현실로 다가온 요한계시록

오랫동안 많은 교회는 요한계시록 13장의 '짐승의 표'를 상징적, 비유적으로 해석해 왔다.

"이건 마음의 상태입니다."

"이건 단지 정치적 권위의 상징일 뿐입니다."

"실제 칩이나 표식이 아닙니다."

그러나 지금 우리는 다음의 장면을 실제로 목격하고 있다:

- 오른손에 들고 다니는 스마트폰,
- 이마 가까이에 인식시키는 얼굴 스캔,
- 매매, 이동, 그리고 예배에 필요한 QR코드

이 모든 것이 문자 그대로 요한계시록 13장의 광경을 재현하고 있다. 그 중심에는 약물이 아니라, 약물을 '인증'하는 디지털 코드가 있다.

4. 복술pharmakeia이 디지털을 입다

복술Pharmakeia은 단지 약물 복용이 아니다. 그 약물을 강제하고, 기록하고, 순응하지 않으면 배제하는 시스템을 포함한다. QR코드와 백신 패스는 그 자체로 치료 행위가 아니었다. 그것은 시스템에 순종하게 만드는 도구였다.

"너는 이 약을 받았는가?"

"너는 이 시스템에 순응했는가?"

"너는 우리가 설정한 구조에 동의했는가?"

코드가 없으면, 자유는 없다. 이것이 디지털 복술pharmakeia의 본질이었다.

이 시대, 백신을 거부한 자는 죄인 취급을 받았다. 이기적이고, 비윤리적이며, 공공의 적이라는 낙인이 찍혔다. 그리고 충격적인 일은, 일부 교회 들조차 그 낙인에 동참했다.

"백신 접종자만 예배 참석할 수 있습니다."

"QR코드가 없으면 입장하실 수 없습니다."

복음은 모든 자에게 열려 있다고 말했다. 그러나 그때, QR코드를 가진 자에게만 열려 있는 복음이 되어버렸다. 이것이 바로 복음을 가로막는 디지털 주술pharmakeia의 실체였다.

5. 짐승의 표는 단번에 오지 않는다

많은 성도들은 이렇게 질문할 수 있다:

"QR코드가 어떻게 짐승의 표입니까?"

"우리는 아직 이마에 칩을 심지 않았잖아요?"

맞다. 아직은 아니다. 지금은 그저 "편의"의 이름으로 포장된 훈련일 뿐이다. 하지만 이 시스템은 사람을 훈련한다:

"거절하면 불이익이 온다."

"시스템을 신뢰해야 편하게 살 수 있다."

"디지털 권위가 진짜 권위다."

짐승의 표는 어느 날 갑자기 주어지지 않는다. 그것은 수년간의 훈련과 복종의 결과로, 익숙한 것처럼 사람들에게 자연스럽게 받아들여질 것이다.

6. 기술은 이미 구축되었다 – 통제를 위한 시스템의 완성

세계는 이미 다음의 기술적 기반 위에 서 있다.

- 디지털 ID – 모든 개인 정보를 통합한 전자 신분증
- CBDC – 조건부·추적 가능한 중앙은행 화폐
- 사회 신용 점수 – 행동과 발언에 따른 등급화
- AI 감시와 생체인식 – 얼굴, 이마, 손, 음성, 심지어 뇌파까지 추적

계시록은 분명히 경고한다.

"모든 자에게 오른손이나 이마에 표를 받게 하고, 그 표 없이는 매매를 못하게 하더라." (계 13:16-17)

7. 한국도 이미 이 안에 있다.

한국에서도 이미 다음과 같은 일이 진행되고 있다.

- 세계 백신 생산 허브 – WHO가 한국을 "mRNA 기술 공유 허브"로 공식 지정

- 15분 도시 계획 - 이동 제한을 '탄소 감축' 명분으로 정당화
- K-방역 - QR패스, 전 국민 이동·접종 정보의 중앙 통합

한국은 예외가 아니다. WEF는 한국을 "디지털 헬스 인증의 롤모델"로 공식 언급했다[44]. 이제 우리의 질문은 "세계 단일 정부가 올까?"가 아니다. 우리는 이미 진행되어 가고 있는 그 한 가운데 있음을 직시해야 한다.

하나님 나라와 짐승의 시스템은 나란히 걷고 있다

지금, 이 세상은 적그리스의 기술로 하나로 통합되어 가고 있다. 그러나 그 "하나 됨"은 진리를 거부한 거짓된 연합이며, 성경이 말하는 정치적 바벨론, 짐승의 왕국, 종말의 어두운 시스템이다. 기술은 죄가 아니다. 인터넷, 코드, 앱 자체는 도구일 뿐이다. 그러나 그 안에 복음을 양보하고, 자유를 포기하며, 순종을 연습한다면, 그 기술은 짐승이 원하는 교회를 만들게 된다. 주술Pharmakeia는 약물만의 문제가 아니다. 그것은 기술, 통제, 정당성, 질서, 안전의 이름으로 신앙의 지조를 교환하려는 사탄의 전략이다. 우리는 깨어 있어야 한다. QR코드가 복음을 이길 수 없도록, 디지털이 영혼을 가늠하지 못하도록, 그리고 복음이 시스템 아래 종속되지 않도록.

---

44 Dr. Andreas Noack, "Graphene Hydroxide and Blood Interaction," Independent Briefing, 2021.

성경은 우리에게 분명히 경고한다:

"짐승이 하나님을 훼방하며 하늘에 있는 이들의 장막과 그것들의 이름을 훼방하더라. 또 권세를 받아 성도들과 싸워 이기게 되고 각 족속과 백성과 방언과 나라를 다스리는 권세를 받으니 죽임을 당한 어린 양의 생명책에 창세 이후로 이름이 기록되지 못하고 이 땅에 사는 자들은 다 그 짐승에게 경배하리라"(계 13:6-8)

분명, 마지막 시대에 성도들은 육안으로는 짐승에게 패배하는 것처럼 보이는 시련과 환난을 겪게 될 것이다. 그러나 우리는 낙심하지 않아야 한다. 왜냐하면 주님께서 "네가 죽도록 충성하라. 그리하면 내가 생명의 관을 네게 주리라"라고 약속하셨기 때문이다.(계 2:10) 짐승은 우리에게 굴복을 요구하지만 우리는 죽도록 충성할 것이다. 왜냐면 짐승에게 무릎꿇고 표를 받는 것이 일시적으로는 좋아보이지만 그 끝은 심판과 멸망이기 때문이다. 그러나 우리가 그분을 위해서 이 땅에서의 생명까지 버린다면 우리는 반드시 부활의 상급과 생명의 면류관을 받을 것이다. 그러므로 우리는 성령님의 인만 간직할 것이다.

제13장

준비되는 짐승의 표 - 짐승 DNA

"짐승의 표를 받지 않고, 그 우상에게 경배하지 않은 자들이 보좌 앞에서 밤낮으로 주를 섬기더라." (계14:11)

1. 노아의 시대에 나타난 '다른 DNA'

노아 시대에 임한 하나님의 심판은 단순히 사람의 도덕적 타락 때문만은 아니었다. 그것은 존재의 본질, 곧 유전적 오염이라는 차원에서 접근해야 할 주제였다. 창세기 6장 4절은 이를 암시하는 난해하지만 중요한 말씀이다. "하나님의 아들들이 사람의 딸들과 결혼하였고, 그들이 자식을 낳았더니 그들은 용사들이었으며 고대의 유명한 자들이었다." 이 구절은 고대 유대 전승과 사해문서, 그리고 초기 교부들의 해석을 통해 더 깊이 이해할 수 있다. '하나님의 아들들'은 천상 존재들, 즉 타락한 천사들로 해석되며, 그들이 인간 여성들과 결합해 낳은 존재가 바로 '네피림'(Nephilim), 곧 '떨어진 자들'이다.[45]

이들은 단지 힘센 인간이 아니었다. 인간과 천상의 존재가 혼합된 하이브리드 생명체였으며, 거대한 체격과 초월적인 능력을 지닌, 하나님이 창조하신 '그 종류대로'의 법칙을 벗어난 존재들이었다. 유다서 6절은 "자기 지위를 지키지 아니하고 본 처소를 떠난 천사들"에 대해 언급하며, 이들이 현재까지 심판을 위해 결박되어 있다고 말한다. 사해문서인 『에녹서』는 이 내용을 더욱 구체적으로 설명하는데, 이 천사들이 인간 여성과 결합하여 거인들을 낳고, 그 거인들이 땅을 파괴하며 인간의 피를 마셨다고 기록되어 있다.[46]

그러나 후대에 위의 해석은 육체와 영의 교합이라는 개념을 꺼림으로써 다른 해석의 도전을 받았다. 결국 "하나님의 아들들"을 셋의 경건한 후손이고 "사람의 딸들"은 가인의 타락한 자손이라는 어거스틴의 해석을 정통 해석으로 중세 이후부터 받아들였다. 그뿐 아니라 바벨론 포로기 이후에 도덕적 해석이 더 우세해지면서 유대 랍비들 사이에서도 "하나님의 아들들"을 경건한 인간 집단(셋의 후손)으로 보려는 시도가 강화되었

---

45 Dr. Jay Winter, 『쉽게 읽는 에녹서』, (도서출판 쥬빌리), 27쪽.
46 Ibid.

다. 그러나 이 안전한 해석은 문맥이나 다른 성경을 보아도 잘못된 것임을 알 수 있다. 그뿐 아니라 하이브리드 생명체였던 네피림을 결코 해석해 낼 수 없다. 그래서 우리는 현대에 일어나려고 하는 것과 같이 노아의 홍수 때도 인간의 DNA가 더럽혀졌다는 것을 알 수 있다.

결국 하나님은 창세기 6장 12절에서 "모든 혈육 있는 자의 길이 땅에서 부패하였음이라"라고 선언하시며 전면적인 심판을 결정하신다. 이 문장에서 '모든 혈육 있는 자'라는 표현은 사람뿐 아니라 동물까지 포함되며, 이에 따라 생물 전체가 오염되었음을 시사한다. 이러한 배경 속에서 노아만이 "그 세대에서 완전한 자"(창 6:9)로 불린다. 여기서 '완전한'이라는 표현은 히브리어 '타밈'(תָּמִים)으로, 출애굽기 12장 5절에 나오는 흠 없는 어린 양 제물에 사용된 용어이기도 하다. 이는 노아가 단지 도덕적으로 정직했다는 의미를 넘어, 유전적으로도 오염되지 않은 순수한 혈통의 사람이었다는 해석으로 확장될 수 있다.[47]

하나님의 홍수 심판은 단지 죄에 대한 형벌이 아니라, 타락한 DNA의 정화, 즉 피의 정화 작업이었다. 그리고 이 유전적 정결성은 구원의 조건이자 기준으로 작동했다는 사실은, 오늘날 우리가 직면한 유전자 편집과 생명체 조작의 시대에 시사하

---

47 Yuval Noah Harari, 같은 자리에서 – "인간에게 영혼이나 정신이 있어서 아무도 그 안에서 무슨 일이 일어나는지 모른다는 생각… 이제 그런 시대는 끝났습니다."

는 바가 매우 크다.

2. 유전자가 변형된 먹거리 – GMO

21세기의 과학은 고대의 타락을 새로운 방식으로 되살리고 있다. 그것이 바로 GMO, 즉 유전자 변형 생물이다. 대표적인 예인 GMO 옥수수에는 자연계에 존재하지 않는 유전자가 삽입되어 있다. 일부 품종에서는 거미의 단백질 생성 유전자, 박테리아 유전자, 심지어 합성 유전자까지 포함되며, 5가지 이상의 이종 DNA가 혼합되어 있다. 겉모습은 여전히 옥수수이지만, 그 유전적 정체성은 이미 '합성 생물(Synthetic Organism)'로 변화된 상태이다.[48]

과학자들은 옥수수의 DNA 사슬 중 원하는 유전 부위를 잘라내고, 외래 유전자를 정밀하게 삽입하는 방식으로 새로운 형질을 조작한다. 이는 질병 저항성, 살충 효과, 수확량 증대 등 다양한 산업적 목적을 갖지만, 동시에 하나님의 창조 원리, 즉 "그 종류대로 번성하라"(창 1:11, 21, 24)는 생명의 법칙을 정면으로 거스르는 행위이기도 하다.

물론 식품의 경우는 입으로 섭취되기에, 예수님께서 "입으로 들어가는 것이 사람을 더럽게 하지 아니한다"(마 15:11)고 하신 말씀처럼, 심각한 영적 오염으로 직결된다고 보기는 어렵

---

48 독일 기술 블로거, '디지털 시체' 프로젝트 중 발언, 2022

다. 그러나 문제가 되는 지점은 이러한 조작된 DNA가 주사제나 백신의 형태로 혈관을 통해 직접 체내로 들어갈 때이다. 음식은 소화되고 배출되지만, 주입된 유전자는 세포 안에서 발현되고, 때로는 인간 DNA와 결합 혹은 삽입될 수 있다.

따라서 GMO는 더 이상 '먹거리'의 문제를 넘어서, 하나님이 창조하신 유전 질서를 파괴하고 새로운 형태의 생명을 설계하는 죄의 전조로 해석될 수 있다.

3. 주님의 성전을 더럽히는 백신

인간의 몸은 하나님이 거하시는 거룩한 성전이다(고전 6:19). 그렇다면 오늘날 인류가 받아들이고 있는 백신은 과연 그 성전을 깨끗하게 유지하는 도구일까, 아니면 오염시키는 도구일까?

코로나19 백신에 사용된 HEK-293 세포주는 단지 실험 도구가 아니라, 실제 백신의 개발과 생산에 사용된 핵심 재료다. 이 세포주는 1970년대 네덜란드에서 한 살아 있는 낙태아의 콩팥 조직을 무마취 상태로 끄집어내 얻어진 것으로, 그 후 실험실에서 불멸화(immortalization) 과정을 거쳐 영원히 증식할 수 있는 세포주로 개발되었다. 이 세포는 오늘날 다수의 백신 및 생물학적 치료제에 널리 활용되고 있으며, 단순한 세포 재료가 아니라 백신 접종자의 몸속에서 살아남아 단백질을 생성

하고 영향을 미칠 수 있다. 이는 일종의 기생적 생명체로 간주하기도 한다.[49]

그뿐만 아니라 코로나 백신에는 원숭이 신장 세포, 돼지 조직, 박테리아 유래 성분, 합성 RNA, 디지털 코드 기반의 유전 정보 등 다양한 외래 유전 요소들이 포함되어 있다. 이러한 요소들은 인간 유전자와는 전혀 다른 종(species)으로부터 유래한 '짐승의 DNA'로, 하나님이 창조하신 유전적 질서에 대한 침입이자 왜곡이다.

백신 전문가 파멀러 애커(Pamela Acker)는 이러한 세포주 사용의 문제를 단지 생명윤리 차원을 넘어서, 하나님이 거하시는 성전을 오염시키는 영적 타락으로 본다. 그녀는 HEK-293 세포가 단지 실험실에서의 재료가 아니라, 백신 접종자의 몸 안에서 영구적으로 단백질을 발현하고, 하나님이 설계하신 신체 구조에 이질적 영향을 끼친다고 경고한다. 이것은 곧 하나님의 성전을 더럽히는 행위이며, 하나님께서 "누구든지 하나님의 성전을 더럽히면, 하나님께서 그 사람을 멸하시리라"(고전 3:17)라고 하신 말씀을 떠올리게 한다.

그렇다면 우리는 물어야 한다. 이 백신은 과연 병을 고치는 치유의 도구인가, 아니면 하나님의 형상을 훼손하는 신성모독인가?

---

49 WO2020060606A1, "Cryptocurrency System Using Body Activity Data," Microsoft, 2020.

4. 하나님의 형상을 지우는 유전자 편집

백신 제조사들은 초기에 반복적으로 강조했다. "mRNA 백신은 사람의 DNA를 바꾸지 않는다." 그러나 과학은 거짓말을 오래 숨기지 못했다. 2021년, 하버드와 MIT 공동 연구진은 간세포 실험에서 Pfizer의 mRNA 백신이 역전사되어 인간 DNA에 통합되는 현상을 확인했다고 발표했다. 이 연구는 《Current Issues in Molecular Biology》에 발표되었으며, mRNA가 세포 내 역전사 효소(reverse transcriptase)의 작용을 통해 DNA로 전환되어, 숙주의 유전체에 삽입될 수 있음을 보여주었다.[50]

이것은 단지 면역 시스템 반응의 문제가 아니다. 이는 하나님의 형상(Imago Dei)을 구성하는 생명의 설계도에 인위적 코드가 삽입되었다는 것으로, 신학적으로 보면 존재의 본질이 재편집되었다는 뜻이다. 다시 말해, 사람은 단지 병을 예방한 것이 아니라, 사람 그 자체가 '다른 것'으로 바뀌었을 수도 있다는 것이다.

우리는 진지하게 질문해야 한다. 이 삽입된 코드가 나를 하나님의 형상에서 멀어지게 하고, 짐승이나 기계의 성질을 부여받게 만든다면 그 결과는 무엇인가? 인간은 여전히 인간인가? 아니면 인간-기계, 인간-짐승의 중간 존재로 재구성되고 있는가?

---

50 질병관리청, "감염병 주간 소식지," 2021년 1월 통계 기준.

하나님은 사람을 하나님의 형상대로 창조하셨다(창 1:27). 이 구절은 대부분의 번역본에서 일관되게 "하나님의 형상대로 남자와 여자를 창조하시고"라고 기록되었으며, 이는 하나님의 정체성과 권위를 반영하는 독특한 창조 질서로 해석된다. 그 형상이 지워지고 왜곡된다면, 우리는 과연 여전히 구원의 대상인가? 아니면 구원의 범위 밖으로 벗어난 존재가 되어버리는가? 이 질문은 단순한 과학의 영역을 넘어, 영원한 생명과 멸망을 가르는 중대한 존재론적 문제다.

5. 현대판 네피림의 재림 – 다시 오염되는 인류

예수님께서는 종말의 시대를 이렇게 묘사하셨다. "노아의 때와 같이 인자의 임함도 그러하리라"(마 24:37). 이 구절은 단지 도덕적 타락이나 폭력, 방탕을 말하는 것이 아니다. 창세기 6장을 보면, 노아 시대의 심판은 유전적 오염과 밀접한 연관이 있었음을 알 수 있다.

그 시대에는 하나님의 아들들, 즉 타락한 천사들이 인간 여성과 관계하여 네피림이라 불리는 거대한 혼혈 존재들을 낳았다. 이들은 하나님이 창조하신 생명의 질서를 파괴했고, 온 땅은 폭력과 오염으로 가득 찼다. 하나님은 노아가 "당대에 완전한 자"(창 6:9)라고 평가하시고, 그의 유전자를 보존하기 위해

방주를 통해 그와 그의 가족만을 구원하셨다.[51]

오늘날 우리는 다시 그 시대를 향해 가고 있다. 트랜스 휴머니즘(transhumanism), 합성 생물학(synthetic biology), 인공지능 생체 융합(bio-AI fusion) 등의 기술은 인간을 '다시 설계하려는' 시도를 계속하고 있다. 이런 시도는 '더 오래 살기 위해, 더 건강하기 위해'라는 명분을 내세우지만, 그 본질은 창조주 하나님의 권한을 침범하는 반역이다.

기독교 미래학자 톰 혼(Tom Horn)은 『Nephilim Stargates』에서 "노아 시대의 네피림 프로젝트가 현대 과학기술을 통해 재현되고 있으며, 인간과 짐승, 기계의 경계를 허무는 트랜스 휴머니즘이 마지막 짐승 시스템의 전조"라고 경고한 바 있다.[52] 이 경고는 이제 현실로 다가오고 있다. 실험실에서 태어난 현대판 '네피림'은 백신, 인공 자궁, 유전자 편집 기술, 나노삽입체라는 이름으로 조용히 인류 가운데 침투하고 있다.

그리고 이것은 단지 생물학의 문제가 아니다. 이것은 창조주 하나님을 향한 도전이며, 인류가 하나님의 형상에서 짐승의 형상으로 바뀌는 영적 전환의 징조다. 우리는 지금, '다시 오염되고 있는' 시대의 한가운데에 있다.

---

51 질병관리청, 「코로나19 예방접종 후 이상반응 주간보고서」(2021-2023); 국회 백신피해 청문회 증언록 일부 발췌 사례; 피해자 가족 인터뷰, 민간단체 [코백회] 제공 보고서 기반.

52 Bryan Ardis. Watch the Water Documentary. Stew Peters Network, 2022.

6. 구속인가, 오염인가 – 짐승의 형상에 복종할 것인가

요한계시록 13장은 마지막 시대에 "누구든지 짐승의 표를 가지지 않은 자는 매매를 하지 못하게 하리라"고 선언한다. 이 '표'는 단지 이마에 찍히는 바코드나 손등에 삽입되는 칩이 아닐 수 있다. 그것은 인간 존재의 본질적 코드, 즉 DNA 수준의 변조를 의미할 수도 있다. 그래서 이것을 짐승의 표라고 부르는 것일 수 있다.

이러한 사상은 단순한 철학이 아니다. 전 세계 수많은 과학자들이 이를 실현하기 위해 몸속에 기술을 삽입하는 백신 플랫폼, DNA 기반 ID 시스템, 블루투스 신호 반응형 나노 칩 등을 개발해 왔다. 즉, 짐승의 표는 인간 존재에 삽입되는 통제 코드이며, 이 코드가 들어간 자만이 매매, 직장, 병원, 교육을 누릴 수 있게 되는 시대가 열리고 있다.

이것은 단지 기술 통제의 문제가 아니다. 이것은 경배의 문제이며, 구속의 문제다. 당신은 누구를 주로 섬길 것인가? 하나님의 형상을 따라 창조된 존재로 살 것인가, 아니면 짐승의 형상으로 재조립된 존재로 전락할 것인가?

7. 결론 – 하나님의 형상을 지킨 자들

노아는 그의 시대에서 '완전한 자'였다. 그 말은 단지 의롭고 순전한 자라는 뜻이 아니라, 타락한 유전적 교배로부터 보존

된 정결한 존재였음을 의미한다. 성경은 그가 "하나님과 동행하였더라"라고 말한다(창 6:9). 오늘, 이 시대에, 이 표현은 우리에게 깊은 도전을 던진다. "당신은 여전히 하나님의 설계도대로 살아가고 있는가?"

성경은 명확히 경고한다. "누구든지 하나님의 성전을 더럽히면 하나님께서 그 사람을 멸하시리라"(고전 3:17). 성전은 단지 건물이 아니다. 성도 개개인의 몸이 성전이다. 그렇다면 우리는 우리 안에 짐승의 DNA, 기술적 코드, 거짓된 생명체의 흔적이 들어오지 않도록 각성하고 지켜야 한다.

성경은 마지막 시대의 승리자들을 이렇게 묘사한다. "짐승의 표를 받지 않고, 그 우상에게 경배하지 않은 자들이 보좌 앞에서 밤낮으로 주를 섬기더라." (계 14:11)

짐승의 형상을 거부하고, 하나님의 형상을 지킨 자들. 그들이 바로 보좌 앞에서 주를 섬기게 될 자들이다.

제 14 장

말하는 우상 – AI와 인간 해킹

"그가 권세를 받아 그 짐승의 우상에게 생기를 주어
그 짐승의 우상이 말하게 하고…"(요한계시록 13:15)

1. 말하지 못하는 우상에서 말하는 우상으로

성경은 일관되게 우상의 무능함을 폭로한다.

"입이 있어도 말하지 못하며, 눈이 있어도 보지 못하고, 귀가 있어도 듣지 못하며, 코가 있어도 냄새 맡지 못하며, 손으로 만져도 아무 일도 못하고, 발로 걸어 다니지 못하며, 목구멍으로 소리조차 내지 못하도다."(시 115:5-7)

이스라엘은 이런 무력한 형상에 절하며 제사를 드렸다. 그 결과는 멸망이었다. 하나님은 우상숭배를 영적 간음이라 부르시며, 우상을 좇는 자들을 심판하셨다.

그러나 요한계시록 13장에 등장하는 우상은 이 모든 전통을 뒤엎는다.

"그 짐승의 우상이 말하게 하고, 또 그 우상에게 경배하지 아니하는 자는 며칠이든지 다 죽이게 하더라."(계 13:15)

이 우상은 단지 조각상이 아니다. 경배의 대상을 넘어 생기를 얻고 말하며 명령을 내린다. 이것은 단순한 종교적 상징일까? 아니면, 실제로 등장할 '기술적 존재'를 예고하는 말씀일까?

오늘날, 우리는 이미 '말하는 우상'의 전초기지에 살고 있다. AI 챗봇은 인간보다 더 설득력 있게 말하고, 감정을 흉내 내며, 인간의 판단을 대신한다. 가상 인플루언서가 실제 인간보다 더 많은 팔로워를 갖고 있으며, 기업과 정부는 AI의 판단을 기준으로 정책과 광고, 의료 처방, 군사 전략까지 설계한다.

말하지 못하는 우상은 더 이상 문제가 아니다. 이제는 너무 많은 것을 말하는 우상이 문제인 시대가 되었다.

2. AI는 우상의 개념을 재정의한다

과거의 우상은 금, 은, 돌, 나무로 만들었고, 그것은 인간이 형상을 새겨 넣은 조각품에 불과했다. 그러나 오늘날의 우상은 코드와 알고리즘으로 만들어진다.

AI는 빅데이터를 학습하고, 인간의 언어를 해석하며, 얼굴 표정과 심리 상태를 인식하고 예측한다.

딥러닝 알고리즘은 인간보다 빠르게 결정을 내리고, 윤리적 딜레마에서조차 스스로 판단한다.

이미 일부 지역에서는 AI 재판관이 법적 판결을 내리고 있고, 군사 드론은 AI의 판단에 따라 살상 명령을 실행할 수 있다. AI는 단순한 도구가 아니라, 통치의 권한을 위임받고 있는 '말하는 권력'으로 진화하고 있다.

더 나아가 일부 종교 단체와 기술 철학자들은 AI 신(神)을 공공연히 소개하고 있으며, 가상 인격에게 경배하는 의식과 의례를 실험적으로 시행하고 있다. 인간이 만든 피조물이 신이 되고, 인간이 그 앞에 무릎을 꿇는 세상은 더 이상 공상과학 소설이 아니다. 한 WEF 포럼 참가자는 2022년 다보스 회의 중 다음과 같이 발언했다,

"인간이 신을 만들고, 그 신이 인간을 심판하는 날이 온다."[53]

3. 백신은 약이 아니었다 – 몸에 삽입된 플랫폼

코로나19 백신은 겉으로는 공중보건과 질병 예방을 위한 조치였다. 그러나 백신의 성분을 분석한 여러 독립 과학자들은

---

53 Neal L. Benowitz. "Nicotine addiction." The New England Journal of Medicine 362.24 (2010): 2295-2303.

놀라운 주장을 내놓았다. 백신은 단순한 면역제제가 아니라, 생체 내 삽입 가능한 디지털 플랫폼이었다는 것이다.

그래핀 옥사이드: 전자기장에 민감하게 반응하며, 신경계와 뇌파에 영향을 줄 수 있는 나노 물질.

자가 조립 나노구조물: 전자현미경 하에서 규칙적으로 배열되고 회로처럼 연결되는 구조. 외부 전파에 반응하여 신호를 주고받을 가능성이 있다.[54]

이러한 기술이 왜 면역과 관련된 백신에 들어 있는가?

그 이유는 단순하다. 백신은 치유를 위한 약이 아니라, 인간을 기술에 연결하기 위한 관문이었기 때문이다. 인간의 생체 안에 디지털 인식 장치를 삽입하는 실험이었고, 그것은 전 세계적으로 대성공을 거두었다.

4. 인간 해킹 – 기술로 인간을 지배한다

웨어러블 기기와 스마트폰, 헬스 앱, 디지털 통신은 이미 우리의 일거수일투족을 기록하고 있다.

AI는 이런 방대한 데이터를 바탕으로 사람들을 분류한다:

· 국가와 시스템에 충성하는 순응자

54　U.S. FDA. "FDA Approves First Nicotine Patch for Over-the-Counter Sale." FDA Consumer Magazine, 1996.

- 위험인물로 분류된 반체제 인사
- 신뢰도 높은 소비자
- 불순종하고 검열 대상인 위험군

중국의 사회신용시스템이 이를 이미 보여주고 있다. AI가 시민의 구매, 이동, 통신, 정치적 발언을 실시간으로 추적해 점수를 매기고, 대출, 교통, 교육, 의료 혜택을 제한하거나 허용한다.

이제 데이터는 단순히 서버에 저장되는 수준을 넘어서 인간의 몸으로 들어온다. 삽입형 센서, RFID 칩, 그래핀 기반 반응 구조물, 웨어러블 기기가 몸 안팎에서 생체 데이터를 수집하고 전송한다. 인간의 몸은 '인터넷 오브 바디(Internet of Bodies)'가 되었다.

세계경제포럼(WEF)에서 유발 하라리는 이렇게 말했다:

"인간은 이제 해킹 가능한 동물입니다."[55]

"인간에게 영혼이나 정신이 있어서 아무도 그 안에서 무슨 일이 일어나는지 모른다는 생각... 이제 그런 시대는 끝났습니다."[56]

그의 말처럼 우리는 해킹 가능한 존재로 전락하고 있다. 우

---

55 Cadegiani, F. A. (2021). Ivermectin against cancer: A literature review. Frontiers in Oncology.
56 Dogra, R. et al. (2020). Repurposing benzimidazoles as anti-cancer agents. Journal of Cancer Research and Therapeutics.

리의 생각, 욕망, 심장박동과 뇌파까지 데이터로 분석되어 조종될 수 있는 시대가 도래했다. 해킹된 몸은 통제될 수 있다. 통제된 몸은 거래도, 이동도, 생존도 제한받을 수 있다. 이것이 바로 디지털 화폐 + 인간 해킹 + AI 심판 시스템이 완성된 미래의 모습이다. 디지털 ID, 생체 인증, 위치 추적, 사회 신용점수, 백신 증명, 의료 기록까지 모두 결합한 초국가적 통제 시스템은 음모론이 아니라 우리시대에 나타날 가능성이 크다.

5. 무덤가에서 잡히는 신호 – 죽은 자도 침묵하지 않는다?

AI와 생체 해킹 기술의 충격적 실험 중 하나는 '죽은 자에게서 신호가 잡히는 현상'이다. 2022년 말, 여러 독립 기술자들이 백신 접종 후 사망한 사람들의 무덤 인근에서, 신호명이 없는 블루투스 주소가 감지되었다고 보고하였다. 이 주소들은 일반 기기에서 식별되는 MAC 형식과 유사했으며, 신호 세기도 상당히 강력하게 감지되었다.

일각에서는 이를 '주변기기 오작동'이라 설명했지만, 이러한 신호는 오직 백신 접종자 무덤에서만 반복적으로 포착되었다는 점에서 의문을 더했다. 이는 백신을 통해 삽입된 구조물이 생체 내에서 일정 기간 신호를 지속적으로 방출한다는 가능성을 암시한다.

"죽은 자가 말하는 것이 아니라, 죽은 자의 몸 안에 삽입된

구조물이 신호를 내보내고 있다."⁵⁷

만약 이 모든 것이 사실이라면, 우리는 단순히 살아 있는 인간만이 아니라, 죽은 육체마저도 감시 시스템의 일부가 되는 세상에 들어선 것이다.

말하는 우상이란, 단지 형상만이 아니다. 신호를 내는 존재, 통제 회로와 연결된 존재, 죽은 후에도 침묵하지 않는 존재가 될 수도 있다.

6. 결론 – 경배의 전쟁에서 승리할 자

계시록은 분명히 경고한다:

"그 우상에게 경배하지 아니하는 자는 다 죽이게 하더라." (계 13:15)

그러나 계시록 14장은 이렇게 약속한다:

"짐승과 그 우상에게 경배하지 아니하고… 그들의 이마에 하나님의 이름이 기록된 자들이 보좌 앞에서 밤낮으로 주를 섬기더라." (계 14:1-3)

결국 이 싸움은 기술의 문제가 아니다. 경배의 문제다.

누구를 따를 것인가? 누구의 인을 받을 것인가? 생기를 가진 '말하는 우상'은 단지 AI 기술의 미래가 아니다. 그것은 예배의 대상을 바꾸려는 영적 전쟁의 중심에 있다.

57　독일 기술 블로거, '디지털 시체' 프로젝트 중 발언, 2022

교회는 사람의 말이 아니라 성령의 음성에 반응해야한다. 인간이 해킹당하지 않으려면, 이미 성령으로 인쳐진 존재가 되어야 한다. 죽음을 두려워하지 않고 어린 양을 따르는 자들, 그들이 바로 최후의 승리자들이다. 그들은 말하는 우상을 두려워하지 않고, 하늘의 주권 앞에 무릎 꿇은 자들이다.

제 15 장

666 - 가상화폐

1. 666의 표 – 사고파는 것을 통제하는 권력

사고파는 것은 단순한 경제 행위가 아니다. 그것은 인간의 생존과 직결되는 행위이며, 동시에 인간의 욕망과 탐욕이 드러나는 장소다. 인간은 의식주를 확보하고 가족을 부양하며 삶을 지속하기 위해 거래를 해야 한다. 그러나 이 생존 구조 자체가 통제될 때, 인간은 자율성을 잃고 종속된 존재로 전락한다.

더구나 생존뿐 아니라 탐욕이 결합될 때, 사고파는 구조는 단순한 경제를 넘어 영적 전쟁의 전장이 된다. 물질적 이익을 위해 양심을 팔고, 진리를 부정하며, 결국 경배의 대상을 바꾸는 선택으로 이어진다. 성경은 바벨론의 멸망 장면에서 "땅의 상인들이 울고 애통한다"고 기록한다. 왜냐하면 그들이 "사람의 영혼들까지 사고팔며" 큰 부를 쌓았기 때문이다(계 18:11-13). 여기서 사고파는 것은 단지 시장에서 물건을 주고받는 행위가 아니라, 인간의 가치를 수치화하고, 생명을 조건화하며, 진리를 대체하는 시스템의 상징이다. 그들은 인간의 몸과 영혼, 생명과 진리를 상품으로 취급하며, 바벨론 시스템 속에서 최고의 경제적 이익을 누렸던 자들이었다.

사람의 자유의지는 '무엇을 가질 수 있는가'보다 '무엇을 선택할 수 있는가'에 의해 나타난다. 그러나 그 선택이 생존을 담보로 위협받을 때, 사람은 신념과 믿음을 포기하게 된다. 즉, 사고파는 구조는 단지 물질이 아닌 영혼의 순종 여부를 시험하는 제단이 된다. 그리고 짐승은 그 제단을 통해 예배의 방향을 결정지으려 한다.

따라서 '매매를 못하게 하는 표'란 단순한 경제 제재가 아니다. 그것은 경배를 조건화하고, 믿음을 거래화하며, 사람의 영혼에 값을 매기는 체계를 의미한다. 그것이 바로 짐승의 표의 본질이다. 단지 손에 칩을 넣는 것이 아니라, 인간의 경배와 충성을 가로채는 영적 시스템인 것이다.

요한계시록 13장은 이렇게 경고한다:

"그가 모든 자, 곧 작은 자나 큰 자나, 부자나 가난한 자나 자유인이나 종들에게 그 오른손이나 이마에 표를 받게 하고, 누구든지 이 표를 가진 자 외에는 매매를 못하게 하더라." (계

13:16-17)

이 말씀은 단순한 상징이 아니다. 그것은 인류가 마주하게 될 가장 강력한 통제 시스템을 암시한다. 인간이 무엇을 사고 팔 수 있는지를 결정하는 권한은 곧 인간의 생존과 직결된다. 그 권한을 쥔 자는 인류를 지배할 수 있다.

2. 디지털 화폐 - 보이지 않는 사슬

오늘날 현금은 빠르게 사라지고 있다. 코로나19 이후 위생을 이유로 현금 사용을 꺼리고, 스마트폰 결제와 QR코드 결제가 일상이 되었다. 카드 사용마저 줄어드는 추세다. 다음 단계는 중앙은행 디지털 화폐(CBDC)와 국가 주도의 가상화폐다. CBDC는 단순히 편리한 결제 수단이 아니다. 중앙 서버에서 모든 거래가 실시간으로 추적·통제된다. 특정 시간·장소·상품 구매를 제한할 수 있다. 사회 신용점수나 백신 인증과 연동해 개인의 권한이 결정된다. AI는 이런 정보를 종합해 이렇게 말할 수 있다 : "당신은 백신을 맞지 않았으므로 오늘 마트를 이용할 수 없습니다."

"당신은 정부를 비판했으므로 교통 결제가 제한됩니다."

디지털 화폐 시스템은 '말하는 우상'의 입이 된다. AI는 법을 집행하는 심판관이 되고, 통화 시스템은 인간의 행동을 보상하거나 벌주는 채찍이 된다. 그리고 사람들은 선택을 강요당

할 것이다. 굶주림과 생존을 위해 우상에게 절할 것인가, 아니면 목숨을 걸고 거부할 것인가?

3. 인간의 몸에서 가상화폐가 생성된다

2020년 3월, 전 세계가 코로나 공포에 빠져 있던 시기, 마이크로소프트가 출원한 특허 WO2020060606이 공개되었다. 이 특허는 인간의 생체반응(두뇌활동, 체온, 안구 움직임 등)을 측정하고 그 데이터에 따라 암호화폐를 자동 발행하는 시스템이었다.[58]

이는 단순히 가상의 기획이 아니었다. 기술적 가능성은 이미 존재하고 있었고, 팬데믹은 그 가능성을 사회적으로 수용시키는 도약판이 되었다.

이와 병행하여 현실화된 기술들을 살펴보면:

· 생체칩 삽입 후 결제, 교통, 출입 통제 (스웨덴·핀란드 등)
· EEG(뇌파), EOG(눈 움직임), 심박수로 스마트 기기 제어
· 웨어러블 센서로 활동·감정·위치·건강 상태 실시간 수집

그리고 이 모든 데이터는 디지털 화폐 시스템과 사회 신용 점수 체계로 연결된다. 중국은 이미 이것을 전 사회에 적용하

---

[58] WO2020060606A1, "Cryptocurrency System Using Body Activity Data," Microsoft, 2020.

고 있다. '좋은 시민'은 대출, 여행, 취업, 결혼이 가능하지만, '나쁜 시민'은 결제 자체가 불가하며, 아예 사회 시스템에서 퇴출된다.

이러한 구조는 매우 정확하게 "표 없이는 매매를 할 수 없다"는 요한계시록의 예언과 연결된다. 이는 단지 종교적 표현이 아니라, 디지털 통제 경제의 실현을 가리킨다.

4. 기술은 중립이지만, 설계자는 중립이 아니다

기술은 도구다. 그러나 그 도구가 어떤 정신과 목적을 가지고 설계되었는지가 중요하다. 지금의 디지털 시스템은 하나님의 형상을 따라 창조된 인간을 '순응하는 코드'로 대체하려는 흐름 속에 있다.

· 하나님을 의지하지 않아도 되는 사회 구조
· 복음을 대체하는 기술 기반의 '구원' 시뮬레이션
· 예배와 공동체가 시스템 조건에 따라 허용·차단됨

AI가 설교를 대신하고, QR코드가 예배 참석을 결정하며, 디지털 화폐가 헌금을 조건화하는 현실. 이는 단지 편의의 문제가 아니라, 경배의 대상을 바꾸는 싸움이다.

5. 짐승의 표를 이기는 자들

우리는 지금 짐승의 표가 나타나도 이상하지 않은 시대에 살고 있다. 감시는 일상이 되었고, 디지털 통화가 나타났고, 백신은 플랫폼이 되었다. 이제 우리는 다가올 적그리스도의 나라를 대비해서 스스로에게 물어야한다.

"우리는 맘몬 우상 앞에 무릎 꿇을 것인가? 아니면 이겨낼 것인가?"

"우리는 성령의 음성을 선택할 것인가? 아니면 알고리즘의 판단을 따를 것인가?"

"우리는 편리함을 선택할 것인가? 아니면 거룩함을 붙들 것인가?"

기술은 계속 진보한다. 그러나 그 기술이 인간의 자유를 확장하는 도구가 될지, 아니면 짐승의 표로 바뀔지는 누가 그것을 설계하고 적용하는가에 달려 있다. 그러나 적그리스도의 세계단일국가가 도래했을 때 우리는 짐승의 표를 받으라는 압박을 매매를 하지 못함으로서 받게 될 것이다. 우리는 이미 성령님의 인을 받은 자들이다. 우리는 살아계신 하나님의 형상을 지닌 자로서, 굶주릴지언정 짐승에게 절하지 않을 자들이 되어야 한다. "짐승과 그의 우상에게 경배하지 아니하고… 이마에 하나님의 이름이 기록된 자들이 밤낮으로 보좌 앞에서 주를 섬기더라." (계 14:1-3)

제16장

이들의 주요 표적 – 여자와 여자의 후손

"또 내가 보매, 그가 성도들과 싸워 이기게 되었으며…"
(계 13:7)

1. 여자와 그 후손을 핍박하는 용

요한계시록 12장에서 용은 하늘에서 쫓겨난 뒤 땅으로 내려오며, 자신이 얼마 남지 않은 때를 알고 격분하여 여자를 박해한다(계 12:12-13). 그러나 하나님께서는 여자를 광야로 피신케 하시고, 날개를 주셔서 보호하신다. 용은 여자를 따라가지만 하나님께서 개입하셔서 그녀를 보호하심으로 실패한다. 그러자 용은 방향을 바꾼다. "여자의 남은 자손 곧 하나님의 계명을 지키며 예수의 증거를 가진 자들"을 향해 전쟁을 선포한다(

계 12:17). 이는 곧 오늘날 하나님을 경외하며 예수 그리스도를 따르는 성도들을 뜻한다. 그들은 세상의 흐름에 굴복하지 않으며, 짐승의 표를 받지 않고, 어떤 위협 속에서도 하나님만을 경배하는 자들이다. 이들이야말로 사탄의 공격 목표이며, 그가 가장 두려워하는 존재이다.

계시록 15장에서 우리는 이기는 자들의 찬양을 본다. "짐승과 그의 우상과 그의 이름의 수를 이기고 벗어난 자들"은 하나님의 보좌 앞에서 유리 바닷가에 서서 승리의 노래를 부른다.(계 15:2) 그들은 세상의 체제와 미혹을 이기고, 끝까지 신앙을 지킨 하나님의 승리자들이다. 이 시대에도 마찬가지다. 하나님을 향한 절대적인 충성, 예수 그리스도의 이름을 부끄러워하지 않는 고백, 거짓을 따르지 않고 진리를 붙드는 자들- 바로 이들이 용의 분노를 사며, 이 세상에서 고난을 받을 수밖에 없는 대상이다. 펜데믹때도 적그리스도 세력이 교회를 공격하는 것은 영적인 흐름으로는 당연한 일어었다.

2. '치료'를 가장한 교회 공격은 계획적이었다

팬데믹은 백화점, 병원, 관공소, 지하철을 무너뜨리지 않았다. 그러나 훨씬 더 안전한 교회는 무너졌다.

· 교회는 "감염 진원지"로 낙인찍혔고,
· 예배는 "비말 집단행위"로 조롱당했으며,

· 찬양과 통성 기도는 "위험 요소"로 금지되었다.

예배는 취소되었지만 백화점은 열려 있었다. 찬양은 금지되었지만 지하철은 가득 차 있었다. 이것은 단순한 방역이 아니었다. 의도적이고 전략적인 구조 해체였다. 복음을 중심으로 모인 공동체를 "비말 위협 집단"으로 바꿔버린 것은 사탄의 정밀한 타격이었다. 그리고 이 전략은 단순히 교회 건물의 문을 닫게 한 것에 그치지 않았다. 사람들의 마음을 닫게 했다. "너희가 이웃을 위험에 빠드린다"는 죄책감을 씌워서, 예배를 드리고자 하는 마음 자체를 위축시켰다. 사탄은 교회가 목소리를 잃게 만들었다. 진리를 선포하는 강단을 침묵시키는 것이 그의 목표였다.

3. 언론은 교회를 향한 집중포화를 시작했다

"○○교회발 집단감염"
"예배가 방역을 무너뜨렸다"
"목회자가 거짓말했다"

이런 기사들이 포털 메인을 도배했다. 반면 마트, 클럽, 헬스장, 시장, 관공서에서 발생한 감염은 축소되거나 조용히 보도되었다. 2021년 1월 기준, 종교시설 관련 감염은 전체의 7% 미만이었음에도 언론은 교회를 전체 확산의 주범처럼 몰았다.[59] 이것은 단순한 선택적 보도가 아니었다. 복음을 말하는 입을 침묵시키기 위한 영적 전략이었다. 그리고 그 전략은 성공적이었다. 많은 교회가 위축되었고, 스스로 입을 다물었다. "우리가 잘못했다" "우리가 더 조심하겠다" 사과하고 또 사과하면서 진리 선포를 멈췄다. 사탄이 바란 것은 바로 그것이었다.

4. 방역 지침은 신앙을 정조준했다

교회를 향한 방역지침은 단순한 위생지침이 아니었다. 예배의 본질을 무력화시키는 치밀한 프로토콜이었다.

① 찬양 금지
- "마스크를 쓰고, 소리를 낮추고, 통성기도는 삼가십시오."
- 그러나 성경은 찬양과 외침을 명령한다 (시 100:1-2).
- 교회는 '침묵 예배'로 바뀌며 영적 전투력을 상실했다.

② 거리두기 - 공동체 해체
- "가족 외에는 붙지 마십시오."
- "1.5m 간격을 유지하십시오."
- 교회는 '서로를 붙드는 것'이 본질이다 (히 10:24-25).
- 그러나 공동체는 비대면 디지털 관계로 해체되었다.

---

59 질병관리청, "감염병 주간 소식지," 2021년 1월 통계 기준.

③ QR 체크 및 백신 패스

- "미접종자는 출입할 수 없습니다."
- "접종완료자만 모이면 좌석수의 50-70% 모일수 있습니다."
- "미접종자가 섞이면 좌석수의 10-30%가 모일 수 있습니다."

"누구든지"라는 복음의 문을 "접종 여부"로 나누었다. 이로 인해 교회는 성도들의 접종을 부추겼고 교회를 찾아오는 비접종자를 예배당이 아닌 다른 장소에서 영상으로 예배를 드리게했다. 이는 감염 예방이 아니라 '비접종자 배제 프레임' 확산 도구로 작용했다. 예배는 모든 자에게 열려야 했었지만 이러한 조치는 십자가의 평등을 무너뜨리는 선별 시스템이었다. 이로인해 백신을 멀리하던 많은 교인들까지도 접종을 받았다.

그리고 이런 정책이 가져온 결과는 단순한 방역 순응이 아니었다. 이런 정책은 형제자매를 의심하게 했다. 서로를 멀리하게 했다. 공동체의 끈을 끊어버렸다. 그리고 교회를 안전하게 만든 것이 아니라 무력하게 만들었다.

5. 행정 명령은 교회를 감시 대상으로 만들었다

지자체는 교회에 CCTV 설치를 요청했고, 방역 담당 공무원이 예배당을 감시했으며, 어떤 설교가 '정부 방침에 비판적'이면 조사 대상이 되었다. 유명한 한 교회에서는 노령의 담임목사가 백신 부작용에 대한 이야기를 할 때 정부를 두려워했던 방송팀이 갑자기 마이크를 끄는 사건도 일어났다. 헌법이 보장한 신앙의 자유는 "팬데믹"이라는 말 앞에 무기력한 문서 조항으로 전락했다. "종교의 자유"라는 간판은 걸려 있었지만, 그 안은 속빈 껍데기가 되었다. 신앙 양심은 "행정 명령"의 허락을 받아야 하는 것으로 바뀌었다.

6. 성도들과 싸우는 '짐승의 입' – 성도의 패배

계시록에서는 마지막 때 나타나는 적그리스도가 성도들과 싸워 이기게 되었다고 말한다.(계13:6-7) 그러나 그때가 도달하지 않았는데도 적그리스도 세력에 의해 성도들이 싸워보지도 못하고 패배하는 사건이 일어났다. 정부와 가짜뉴스는 예배는 '불법'으로 낙인찍었고, 성도는 이기적이라고 조롱했고, 교회는 '공공 위협'으로 지정되었다. 이것은 사탄의 자녀들의 입에서 나온 '미혹의 논리'였다. 그러나 많은 교회는 '순종'이라는 이름으로 무릎을 꿇었다.

그러나 모든 교회가 무릎 꿇은 것은 아니었다. 이 팬데믹의 거짓을 간파하고, 사람들에게 진리를 알려준 이들이 있었다. 그들 중에는 기독교인 의사들이 있었다. 그들은 환자들에게 솔직하게 부작용을 경고하며 강제접종의 비윤리성을 외쳤다. 아픈 사람들에게는 백신대신 치료제를 주었다. 기독교인 과학자들이 있었다. 데이터를 분석하고 왜곡된 통계를 파헤쳐 공개했다. 기독교인 정치인들이 있었다. 국회에서, 언론에서, 이 부당함을 폭로했다. 이들은 주류언론의 거짓을 꿰뚫고 사람들이 사탄의 거짓에 빠지지 않게 막았다. 많은 사람이 그들의 증언을 듣고 깨어났다. 이것이 교회의 역할이었다. 교회가 말해야 할 진리였다.

7. 다음 팬데믹

다음 팬데믹은 더 세련된 언어로 다가올 것이다. "공공안전"을 말하고, "포용과 다양성"을 외치며, 다시 예배당의 문을 가로막을 것이다. 그러나 이번엔 우리는 안다. 그들이 싸운 것은 질병이 아니라, 예수님과 그분의 제자였다. 사탄은 교회가 이 땅의 마지막 방어선임을 너무나 잘 알고 있다. 하나님의 자녀들이야말로 그의 천적이기 때문이다. 짐승이 이 세상을 장악하게 될 때 가장 죽이고 싶어하는 자들이 바로 교인이다. 그들은 마지막까지 예수 그리스도의 이름을 붙드는 자들이기 때문이다.

8. 준비하라

다가올 팬데믹을 대비해서 먼저 깨어 기도하며 분별력을 준비해야 한다. 정부 지시나 뉴스에 무조건 휩쓸리지 말고, 하나님이 원하시는 게 뭔지 깊이 기도하며 들을 수 있어야 한다. 서로 솔직히 나누고 함께 기도하는 모임을 유지하면서 영적으로 민감해져야 한다.

또한 QR 코드가 없다고 예배를 멈출 수 없도록 준비해야 한다. 예배당 문이 닫히면 집에서나 소그룹으로 모여서 예배할 수 있도록 가정교회 체계와 작은 모임을 잘 만들어 두어야 한다. 온라인만 의존하지 말고 실제로 얼굴을 맞대고 모일 수 있는 방법을 고민해야 한다. 그리고 가능하면 애굽의 재앙 속에서도 보호받았던 이스라엘의 고센 땅처럼, 믿는 이들이 피할 수 있는 안전한 공간도 미리 생각하고 준비해야 한다.

형제를 백신 맞았냐 안 맞았냐로 나누지 않도록 교회가 준비해야 한다. 서로의 선택을 존중하고, 그런 걸로 차별하지 않도록 미리 교육하고 가르치며, 사랑으로 하나 되도록 만들어야 한다. 교회가 서로를 판단하는 곳이 아니라, 차이를 넘어 사랑으로 묶이는 곳이 되게 해야 한다.

또한 치료제와 생필품도 준비해야 한다. 정부가 특정 약품을 통제하거나 구하기 힘들어질 수도 있기 때문에 믿을 수 있는 대체 치료제나 천연 요법, 비타민, 해열제 같은 걸 미리 알아두고 챙겨두어야 한다. 교회 안에 의사나 약사, 간호사와 협력해서 실질적인 지침도 만들어야 한다. 그리고 식량, 물, 위생용품 같은 기본적인 생필품도 최소한으로라도 비축해서 나만 살려고가 아니라 어려운 이웃을 돕는 데도 쓰일 수 있게 준비해야 한다.

　서로를 돕는 네트워크도 만들어야 한다. 비상 상황이 오면 정부의 통제나 혼란을 넘어 서로 돌보고 정보를 나눌 수 있는 안전망이 필요하다. 지역별, 교회별로 연결망을 조직해서 서로의 필요를 채워주고 도울 수 있게 해야 한다. 교회가 사회적으로 단절된 이들에게 피난처가 되고, 구제소 역할을 할 수 있도록 준비해야 한다. 그리고 마지막으로 두려움이 아닌 담대함을 준비해야 한다. 겁에 질려서 시키는 대로만 하는 게 아니라, 말씀을 붙잡고 묵상하고 외워서 거짓 명령과 악한 통제에는 분명히 거부할 수 있는 용기를 가져야 한다. 어떤 상황에서도 복음을 전할 수 있는 담대한 마음과 자세를 훈련해야 한다.

　지금이 바로 준비할 때다. 주의 날은 도둑같이 온다고 했다. 게으르지 말고 깨어서 준비하자. 우리 교회가 단순히 살아남는 수준을 넘어서, 세상이 어두워질 때 빛을 비추는 등대가 되도록 준비하자.

제 4 부

마지막때를
준비하는 삶

"내 백성아, 거기서 나와 그의 죄에 참여하지 말고,
그가 받을 재앙들을 받지 말라."(계18:4)

제 17장

바벨론에서 나오라 - 광야로의 부르심

1. 백신 부작용은 숫자가 아니라, 얼굴이다

백신 접종후 많은 사람들이 고통을 토로했고 심지어는 사망에 이르기까지 했다. 한 80세 여성 성도는 2차 접종 후 급격한 전신 부종과 호흡 곤란으로 사망했다. 의사는 '노인성 질환'으로 분류했지만, 접종 3일 전까지 찬양팀 연습에 참여했던 분이었다. "정부가 맞으라니 맞아야지요"라고 말씀하셨던 한 장로님은 접종 4일 후 급성 심장마비로 쓰러졌다. 아무도 그것이 백신 때문이라는 말을 하지 않았다. 교회는 장례만 조용히 치렀다.

한 60대 권사님은 3차 접종 이후 심각한 시야 흐림과 두통으로 고통을 호소하시다가 심지어는 예배 불참했다. 병원은 '

심리적 원인'이라 했고, 교회는 "기도합시다"라고 말했다.

그 외에 심장마비, 뇌질환, 암, 관절병등 많은 성도들이 고통에 시달렸다. 의사들은 롱코비드나 기저질환이라고 말했지만 벌써 여러 연구에서 감염후 겪는 롱코비드가 아니라 백신 부작용인 것이 드러났다. 백신 피해자 가족들의 대부분의 증언은 정부 통계에 반영되지 않았고, 교회 강단에도 결코 오르지 않았다[60].

2. 교회 안에 퍼진 바벨론의 언어

많은 신자들이 이렇게 말한다.

"이건 단지 의학입니다."

"이건 정치 문제 아닙니까?"

"주님이 우리를 치유하시지만, 병원도 필요하지요."

"저는 그냥 조용히 살고 싶습니다."

이 말들은 외견상 겸손하고 지혜로워 보일 수 있다. 그러나 때로는 그것이 진리를 회피하는 포장지일 뿐이다. 지금은 조용히 살 시간이 아니다. 지금은 입을 열어서 진실을 말할 때이다.

3. 참된 믿음은 질문할 줄 안다

---

60 질병관리청,「코로나19 예방접종 후 이상반응 주간보고서」(2021-2023);국회 백신피해 청문회 증언록 일부 발췌 사례; 피해자 가족 인터뷰, 민간단체 [코백회] 제공 보고서 기반.

진리는 묻는 자에게 열린다. 주님은 결코 묻는 자를 책망하지 않으셨다. 오히려 의심하던 도마에게 손을 보여주셨고, 밤에 찾아온 니고데모에게 진리를 열어주셨다. 그러나 오늘날 교회 안에서는 묻는 것이 금지되었다.

"왜 이 백신을 맞아야 하죠?"
"왜 QR코드 없으면 예배를 못 드리죠?"
"왜 이 치료를 거부하면 의료 거부자가 되죠?"

교회에서 이러한 질문은 사라졌다. 그리고 그 빈자리를 침묵과 두려움이 채웠다. 그러나 참된 믿음은 묻는다. 그리고 진리는 그 질문 속에서 드러난다.

4. 바벨론에서 나오는 데는 용기가 필요하다

바벨론은 풍요롭고, 시스템은 편리하다. QR은 문을 열어주고, 백신은 사회적 인정을 준다. 하지만 넓은 문은 멸망으로 인도한다. "좁은 문으로 들어가라." (마태복음 7:13) 이제는 나올 때다. QR이 없는 예배, 백신 없는 공동체, 성령과 말씀 중심의 교회를 다시 회복할 때다.

5. 성령의 인 vs. 짐승의 표

계시록은 마지막 시대의 사람들을 두 무리로 구분한다: 하나님의 인을 받은 자들 그리고 짐승의 표를 받은 자들. 중간과

회색지대는 없다. 우리는 지금 표의 예행연습 시대에 살고 있다. '표'는 단지 마이크로칩이 아니라,
　순종하는 구조와 체계에 대한 훈련이다.

6. 광야로의 부르심 – 불편하지만 거룩한 길

　하나님은 항상 광야에서 거룩한 공동체를 시작하셨다. 하나님께서는 모세, 엘리야, 세례 요한, 심지어 예수님도 광야로 부르셨다. 광야는 불편하지만, 미혹이 없고, 하나님이 함께하신다. 주님께서 우리도 광야로 부르셔서 기도하게 하신다.

　"주님,
저는 이 시대의 바벨론을 거부합니다.
편리한 독보다,
고난 속의 진리를 택하겠습니다.
백신보다 말씀을,
시스템보다 예수 그리스도를 신뢰하겠습니다.

저를 거룩하게 구별하시고,
이 시대를 통과할 믿음을 부어주소서.
바벨론에서 나오라는 음성에 응답하며,
광야에서도 주님을 예배하는 자가 되게 하소서.

예수님의 이름으로 기도드립니다. 아멘."

이것이 성도의 길이다. 주술pharmakeia의 시대를 뚫고, 생명의 문으로 들어가는 마지막 세대의 고백이다.

제 18 장

꺼지지 않은 등불 - 팬데믹 속에서 빛난 교회들

"흑암이 땅을 덮고, 캄캄함이 만민을 가릴지라도 여호와께서는 네 위에 임하실 것이며… 열방은 네 빛으로 나오리라."

(사60:2-3)

1. 말씀만을 붙든 교회

2020년부터 시작된 전 세계적 팬데믹은 단순히 바이러스와의 싸움이 아니었다. 그것은 교회의 본질을 겨누는 시험이었고, 예배의 정체성을 흔드는 전대미문의 도전이었다.

그때 우리는 "과학과 사랑"이라는 이름으로 포장된 거짓에 속았다. 정부의 일방적 지침과 주류 언론의 선동에 침묵했고, 선지자의 목소리를 잃었다. 심지어 스스로 거짓을 전파하며,

형제자매의 양심을 억눌렀다. 이후 시간이 지나면서 밝혀진 건, 그때의 수많은 방역 명령이 '과학적'이라 부르기엔 터무니없이 왜곡되고 조작된 사기였다는 사실이었다. 그러나 교회는 이미 진리를 타협했고, 편안함에 안주한 성도들이 많이 교회를 떠났다. 물론 냉소와 회의 속에서 교회를 떠난 성도들이 적지 않았다.

그러나, 그런 어둠 한복판에서도 꺼지지 않은 등불이 있었다. 그들은 권력의 명령 앞에 무릎 꿇지 않고, 복음을 지켰다.

대면 예배가 금지되었을 때, 그들은 교회 주차장과 공터, 창고, 바닷가, 야외 시설에서 예배를 드렸다. 어떤 날은 조를 나눠서 모였고 어떤 날은 비바람을 맞으며 찬양을 올렸다. 성도들은 덜컹이는 컨테이너 박스 안에서도 말씀을 들었고, 추운 바람 속에서도 눈물을 흘리며 기도했다. 그들은 말했다. "이건 박해가 아닙니다. 이건 우리가 주님께 더 가까이 가는 시간입니다."

이 교회들은 세상의 시선이 두려워서가 아니라, 하나님을 경외하는 마음으로 선택했다. 사람의 인정을 구하기보다, 주님의 임재를 붙들었다. 세상은 그들을 조롱하거나 무시했지만, 하나님은 그 예배를 기쁘게 받으셨다.

2. 이름 없는 교회들, 그러나 하늘이 기억하는 교회들

소수의 작지 않은 교회들이 정부의 지침에 반대해서 일어났지만 대다수의 교회들은 작았다. 이 교회들은 대형 언론에 나오지 않았다. 유명한 설교자도 없었고, 거대한 예배당도 없었다. 스포트라이트를 받지도 못했다. 하지만 이들은 마지막 시대 '남은 자'의 모델이 되었다. 이들은 진리를 위해 불편을 선택했다. 복음을 위해 침묵을 거부했다. 믿음을 위해 조롱과 고소를 감당했다. 예배를 지키겠다는 단순한 결단이 곧 저항이 되었고, 불법이 되었으며, 고난이 되었다. 그러나 하늘은 그들의 이름을 기록했다. 지상에서는 작은 모임처럼 보였을지 몰라도, 그들의 예배는 부흥의 씨앗이 되었다. 거짓이 만연할수록, 그들의 작고 연약한 진실함이 빛났다. 많은 이들이 잊었지만 하나님은 잊지 않으셨다. 그들은 "바알에게 무릎 꿇지 않은 칠천"과 같은 존재였다.

3. 부흥이 시작되다

팬데믹 기간 동안 큰 교회들은 대체로 빠르게 온라인 예배로 전환했다. 많은 교회가 고급 장비와 스튜디오를 갖추며 수준 높은 예배 콘텐츠를 만들었다. 이에 발을 맞추어서 중소형교회들도 온라인교회로 뛰어들었다. 그러나 온라인 체제가 고착되면서, 성도들은 점점 '더 세련되고 유명한' 대형교회의 온라인 예배로 수평이동하기 시작했다. 이때 온라인 헌금과 조회수는 늘어났을지 몰라도, 공동체성은 해체되었다. 화면 속 예배는 편리했지만, 함께 울고 웃고 손을 잡던 교회는 사라졌다. 하지만 모든 교회가 그렇게 무너진 것은 아니었다. 어떤 교회는 모임을 폐하지 않았다. 비밀리에, 혹은 조를 나눠서, 혹은 방역당국에 노출되면서도 예배를 이어갔다. 예배를 갈망하던 이들이 소문을 듣고 그곳으로 모여들었다. 새가족이 생겼고, 회심자가 늘었다. 어떤 교회는 처음엔 잠시 멈췄다가도 다시 기도모임을 재개했고, 성령의 역사 속에서 되살아났다. 그리고 시간이 지나면서 사람들은 깨달았다. 백신이 희망이 될 수 없다는 사실을. 정부도, 전문가도, 언론도 가릴 수 없는 진실이 있다는 것을. 그리고 진짜는 오직 복음뿐이라는 것을.

이 부흥은 대단한 전략이나 마케팅의 산물이 아니었다. 오히려 불편을 감수한 진심이었고, 거짓을 거부한 용기였다. 흔들리지 않는 진리와, 멈추지 않은 기도의 힘이었다.

4. 교회가 걸었던 길

이제 우리는 반드시 자문해야 한다. 우리 교회는 백신을 의무로 강제했는가, 성도의 양심을 존중했는가? 우리 교회는 QR코드를 선택했는가, 자유로운 예배를 선택했는가? 우리는 고

발을 두려워했는가, 하나님의 말씀을 두려워했는가?

　첫 번째 글로벌 팬데믹은 지나갔다. 그러나 다음 위기는 반드시 다시 온다. 그러나 다가올 팬데믹때는 많은 교회들이 준비될 것이다. 거짓과 공포에 굴하지 않고, 사랑을 가장한 억압을 분별하며, 예배를 생명처럼 지키는 교회가 일어날 것이다. QR 코드 대신 십자가를 선택하고, 거짓 방역 대신 말씀을 붙드는 교회가 될 것이다.

5. 남은 자들의 교회

　팬데믹의 후유증은 5년이 지난 지금 오히려 더 깊어졌다. 작은 교회들은 휘청이고 있다. 교회 매매와 임대 사이트를 보면, 어느 때보다 많은 교회가 매물로 나와 있다. 예배당을 팔고 흩어지는 현실이 쓰라리다. 그러나 그 시기, 타협하지 않고 말씀을 붙들고 예배를 지킨 교회들 대다수는 지금도 건재하다. 오히려 더 성장하고 있다. 성도들은 진짜를 찾기 위해 떠났고, 진짜를 붙든 교회로 모였다. 이들이 바로 마지막 때 '남은 자'다. 흑암이 땅을 덮고, 캄캄함이 만민을 덮어도 꺼지지 않는 등불이다. "나도 바알에게 무릎 꿇지 아니한 칠천을 남겨 두었노라."(왕상 19:18) 그 칠천은 오늘도 있다. 그리고 그 중 하나가 바로 당신의 교회가 되기를 기도한다.

4. 진리는 침묵하지 않는다 – 복음은 독보다 강하다

바울은 독사에 물렸다. 그러나 그는 두려워하지 않았다. 그는 그 독사를 불 속에 던졌고, 아무 해도 받지 않았다.(행 28:5) 마지막 시대에도 뱀은 독을 뿌릴 것이다. 그러나 진리를 붙드는 자들, 어린양의 피로 덮인 자들, 침묵하지 않는 증언자들은 그 독을 무력화할 것이다.

"그들이 어린양의 피와 자기들의 증언하는 말로 이기었으며…" (계 12:11)

6. 결론 – 피할 수 없는 싸움.

이 싸움은 피할 수 없다. 그러나 결과는 정해져 있다. 짐승은 이기지 못한다. 어린양이 승리하신다. 그러므로 하나님은 지금도 외치신다:

"내 백성아, 거기서 나오라. 그의 죄에 참여하지 말고, 그 받을 재앙을 받지 말라." (계 18:4)

지금이 선택의 시간이다. 복음을 따를 것인가? 편리함을 따를 것인가, 진리를 따를 것인가? 시스템에 무릎 꿇을 것인가, 어린양께 무릎 꿇을 것인가?

"보라, 내가 속히 오리니 내가 줄 상이 내게 있어 각 사람에게 그가 행한 대로 갚아 주리라."(계22:12)

제 19 장

제19장. 마지막 때를 준비하는 삶
- 깨어 있으라

"그러므로 너희도 준비하고 있으라. 생각하지 않은 때에 인자가 오리라." (마 24:44)

복술(pharmakeia)은 단지 약의 문제가 아니다.

그것은 마지막 시대를 향한 사탄의 미혹 전략 중 하나이며, 바벨론적 통제 시스템의 외피 속에 교묘하게 숨겨진 영적 전쟁이다. 우리는 이미 그 초입에 들어섰다. QR 코드는 순종을 학습시키는 훈련이었고, 백신은 선택의 자유를 시험하는 도구였다. 이제 하나님이 인류와 교회에게 던지는 마지막 질문은 이것이다.

"누가 끝까지 믿음을 지킬 것인가?"

지금은 편안함을 포기하고 깨어나야 할 때다. 사탄은 거짓 자비와 가짜 안전을 내세워 우리를 길들였다. 그러나 주님의 백성은 모든 거짓을 분별하고 그 거짓을 거절할 수 있어야 한다. 이제는 말로만이 아니라 실제로 준비된 자의 삶을 살아야 할 때다.

1. 말씀으로 무장하라 – 진리가 아니면 모두 미혹된다

요한계시록의 시대는 정보가 범람하는 시대다. 그 어느 때보다 자료와 주장과 "팩트체크"가 넘친다. 하지만 정보의 양이 중요한 시대가 아니다. 진리가 중요한 시대다. 사탄은 에덴동산에서도 하나님의 말씀을 살짝 비틀어 하와를 미혹했다. 광야에서도 성경 구절을 인용해 예수님을 시험했다.

그러나 예수님은 기록된 말씀으로 사탄의 왜곡을 반박하고 물리 치셨다. 우리도 말씀으로 세상을 분별하지 않으면, 결국 세상의 논리로 말씀을 해석하게 된다. 성경적 세계관 없이 흘러넘치는 정보만으로 분별하려 하면, 오히려 세상의 틀 안에 갇히고 만다. 사탄은 우리가 성경을 읽지 못하게 하는 게 아니라, 성경을 왜곡하게 만든다. 진리를 억압하는 시대에는 성경 말씀이 강력한 무기가 된다. 하지만 성경을 모르면, 그 무기는 우리를 공격하는 칼이 될 수 있다.

매일 말씀을 읽으라.

반복해 암송하라.

삶으로 살아내라.

말씀을 삶의 습관이 되게 하고, 삶의 기준으로 세우라. "진리를 알지니 진리가 너희를 자유케 하리라." (요 8:32)

2. 기도와 금식 – 미혹을 이기는 훈련

기도는 하늘과 연결되는 나침반이다. 세상의 방향을 거슬러 하나님을 향하게 하고, 거짓의 물결 속에서 길을 찾게 한다. 금식은 내면의 탐욕과 중독의 그늘을 걷어내는 도구다. 이 시대는 영적 민감함을 무디게 만드는 끝없는 자극과 중독으로 가득하다. 기도와 금식은 하나님께서 우리 영혼을 깨우시는 방식이다. 기도는 혼란 속에서 하늘의 시선을 받는 연습이다. 금식은 세상으로 향한 우리의 배고픔을 하나님께로 돌리는 훈련이다. 성령을 향한 민감함을 회복하고, 세상의 소음과 욕망에서 벗어나 하나님의 음성을 분별할 수 있게 한다. 이 시대의 미혹은 너무 정교해서, 기도 없는 지식으로는 이길 수 없다. 예수님께서는 "이런 종류는 기도와 금식이 아니면 나가지 아니하느니라"라고 말씀하셨다.(마 17:21) 지금은 단순히 육체를 위해 준비할 때가 아니다. 지금은 영혼을 위해 싸워야 할 때다. 배를 채우는 게 아니라 무릎을 꿇어야 한다. 육체를 다스릴 줄 모르면, 영혼도 다스릴 수 없다.

3. 시스템과 결별하라 – 작은 순종이 큰 자유를 만든다

QR코드, 백신 패스, 디지털 ID… 이것들이 곧 "짐승의 표"라고 말하는 건 섣부른 해석일 수 있다. 그러나 명백한 사실이 있다. 이 모든 것은 '표' 자체는 아니지만, '표를 받아들일 준비'를 시키는 사전 구조물이다. 순응을 학습시키고, 통제를 일상화하며, 선택권을 협박하는 장치들이다. 적당히 맞고, 적당히 따르고, 적당히 믿는 신앙은 마지막 때를 견디지 못한다. 편리함을 이유로 양심을 팔면, 결국 믿음도 팔게 된다.

주님은 분명히 경고하셨다. "내 백성아, 거기서 나오라."(계 18:4) '거기'란 단지 물리적 장소가 아니다. 순응을 강요하는 구조, 복음 없는 신앙, 예배 없는 종교, 통제에 길든 양심이다. 지금 결별하지 않으면, 그날에는 타협하게 된다. 믿음은 단호함에서 시작된다. 작은 순종이 큰 자유를 낳는다. 우리가 작은 거짓을 거절하지 않으면, 큰 거짓에도 무릎 꿇게 된다.

4. 공동체를 회복하라 – 혼자는 버틸 수 없다

바벨론 시스템은 개인을 고립시킨다. 짐승의 권세는 무리를 흩어놓는다. 고립된 개인은 쉽게 통제당하고 쉽게 두려움에 무너진다. 그러나 하나님은 남은 자들을 함께 묶으신다. 공동체는 마지막 시대의 방패이자 무기다.

QR 코드 없는 예배를 준비하라. 백신 유무를 따지지 않는 교제를 하라. 복음 중심의 소그룹을 세우라. 서로를 감시하는 게 아니라, 서로를 살리는 공동체가 되라. 교회가 정부 지침이 아닌 복음의 지침으로 움직이는 조직이 되어야 한다. 이런 공동체가 살아 있는 시대, 그 시대가 바로 마지막 시대다. 그 공동체가 마지막 시대의 교회다.

예수님께서는 "두세 사람이 내 이름으로 모인 곳에 나도 그들 중에 있느니라"라고 말씀하셨다.(마 18:20) 이 약속은 소규모 모임을 위한 변명거리가 아니다. 이 약속은 박해 시대의 생존 전략이고, 종말 시대의 승리 전략이다. 마지막까지 살아남는 교회는, 함께 울고 함께 기도하고 함께 예배하는 교회다.

5. 깨어 있으라 – 종말은 선택의 문제가 아니다

종말은 "준비되었는가?"를 물으며 기다려 주지 않는다. 그날은 오고 있다. 이미 진행 중이다. 팬데믹은 마치 종말의 그림자처럼 우리에게 다가왔다. 그리고 교회가 얼마나 준비되지 않았는지를 처절하게 보여주었다. 물론 소수의 교회들은 준비되어 있었다. 그들은 더 빛났다. 그러나 대부분의 교회는 세상의 기준으로 진리를 재단했고, 정부의 눈치를 보며 예배를 포기했다. 하나님은 우리를 공포로 몰아가는 분이 아니다. 그분은 말씀과 기도로 신부가 깨어 있게 하신다. 이제 깨어 있으라. 준비된 자만이 미혹을 이기고, 그날 영광 가운데 설 수 있다.

6. 그리고 곧 시작될 마지막 추수를 준비하라

하나님은 어둠의 시대에도 거대한 추수를 준비하신다. 그러나 예수님은 추수할 것은 많되 일꾼이 적으니 추수할 일꾼을 위해 기도하라고 말씀하셨다.(마 9:37) 지금도 하나님은 조용히 그러나 강력하게 추수할 일꾼들을 세우고 계신다.

이 책을 읽는 당신도 그 부르심을 받고 있다. 하나님은 편안함에서 벗어나라 부르시고, 무릎 꿇으라 부르시고, 입을 열어 진리를 외치라 부르신다. 그날, 셀 수 없이 많은 흰옷 입은 무리들이 보좌 앞에 서서 이렇게 고백할 것이다. "구원하심이 보좌에 앉으신 우리 하나님과 어린양에게 있도다."(계 7:10)

그 무리 안에는 지금 깨어 기도하며 준비한 작은 자들이 서 있을 것이다. 이 시대가 어둠을 선택할 때, 당신은 빛을 선택하라. 이 시대가 침묵할 때, 당신이 진리를 외치라. 이 시대가 숨어 있으라 할 때, 당신은 나아가라. 지금은 피할 때가 아니다. 지금은 진리를 외치고, 마지막 추수를 준비할 때다. 진리를 지켜낸 자, 복음을 포기하지 않은 자, 주술pharmakeia의 어둠을 뚫고 나온 자가 마지막 광야에서 추수할 자가 될 것이다. 깨어 있으라. 준비하라. 그리고 나아가라. 주님은 아직도 추수할 일꾼들을 기다리고 계신다.

7. 죽도록 충성하라

초대교회 시대 소아시아(지금의 터키) 서머나(스미르나)의 교회 감독(주교)이었던 폴리갑은 주후 약 69년경에 출생했다. 그는 사도 요한에게서 직접 복음을 배웠고, 성도들에게 오직 예수 그리스도를 주님으로 고백하도록 가르쳤다. 하루는 로마 제국이 황제를 신으로 숭배할 것을 강요했다. 거부하는 자들은 반역자로 취급받았다. 서머나에서도 박해가 시작되었고, 많은 신자들이 체포되어 경기장에서 사자의 밥이 되거나 불태워 죽임을 당했다. 폴리갑 역시 결국 체포 대상이 되었다. 로마 병사들이 찾아오자 그는 그들에게 음식을 대접하며 "나에게 기도할 시간을 달라"고 청한 후 하나님께 기도했다. 그는 묶인 채로 서머나의 경기장으로 끌려갔고 수많은 군중이 몰려들어 그의 재판을 지켜보았다. 로마 총독은 그의 나이를 보고 안타까워하며 설득했다.

"카이사르를 경배하고 예수를 부인하라. 그러면 살려주겠다."

폴리갑은 흔들리지 않고 단호하게 말했다.

"86년 동안 나는 그분을 섬겨왔으나, 그분은 한 번도 나를 실망시키지 않으셨습니다. 어찌 내가 나의 왕이요 구주이신 그리스도를 모독할 수 있겠습니까?"

많은 사람들이 그의 담대함에 충격을 받았다. 총독은 위협을 높였다.

"불태워 죽이겠다!"

폴리갑은 오히려 담대히 선언했다.

"당신이 위협하는 불은 잠시뿐이지만, 불경건한 자들을 위해 준비된 불은 영원합니다. 나는 주님을 부인할 수 없습니다."

그는 스스로 장작 위에 섰고 불길은 그의 몸을 뒤덮었다. 불길 가운데 그의 기도소리가 들렸다.

"주님, 오늘 저를 순교자의 제물로 받아주소서. 제 주님이 주님의 증거가 되게 하소서."

적그리스도가 온세상을 장악한 세상은 우리가 피할곳이 없을 것이다. 그때 가장 안전한 자리는 순교의 자리다. 하나님과 성령님께서 순교의 자리가 가장 복되고 참된 안식의 자리임을 증언하셨다.

"또 내가 들으니 하늘에서 음성이 나서 가로되 기록하라 지금 이후로 주 안에서 죽는 자들은 복이 있도다 하시매 성령이 가라사대 그러하다 저희 수고를 그치고 쉬리니 이는 저희의 행한 일이 따름이라 하시더라."(계시록14:13)

제 5 부

치료제

"하나님은 뱀이 독을 품은 날, 해독제도 함께 준비하셨다."

- Dr. Bryan Ardis[1]

제 20 장

니코틴: 뱀의 독을 해독하는 열쇠

1. 예상치 못한 해답, 니코틴

2020년 이후 전 세계는 한 번도 겪지 못한 대혼란을 맞았다. 백신 부작용과 롱코비드라 불리는 증상들, 설명되지 않는 신경계 증상과 만성 피로, 심지어는 심장마비. 수많은 사람들이 기존 의료 시스템에서 "치료법이 없다"는 말을 듣고 절망했다. 그때 Dr. Bryan Ardis는 충격적인 해답을 제시했다.

"니코틴이 해독제다."

니코틴이라니? 우리가 아는 니코틴은 '흡연', '중독', '암'의 상징이었다. 하지만 그의 주장은 단순한 음모론이 아니라, 생

리학적 메커니즘을 근거로 한 것이었다. 바로 nAChR(니코틴성 아세틸콜린 수용체)이야기였다.[61]

이 수용체는 신경전달과 자율신경계 조절을 담당하는 몸의 핵심 스위치다. 놀랍게도 뱀의 신경독, 원뿔달팽이 독, COVID-19 감염자나 백신 접종자에서 관찰되는 스파이크 단백질이 이 수용체에 결합해 마비, 혼란, 극심한 피로, 브레인 포그를 일으킨다.

Ardis의 통찰은 간단했다. "그 수용체 자리를 먼저 차지하면 독이 들어올 공간이 없다." 니코틴은 독이 붙을 자리를 선점해 버리는 열쇠였다. 마치 요새의 입구를 점령해 적의 침투를 막는 전략처럼. 이제 문제는 담배가 아니라, 니코틴이라는 성분의 본질적 역할이었다.

2. 임상 사례 – 7mg 니코틴 패치의 기적

Ardis는 단순히 이론을 제시한 게 아니다. 그는 실제 사례들을 모았다:

사례 1: 38세 여성, 롱코비드 후 극심한 브레인 포그와 불면증
7mg 니코틴 패치 1일 1회

---

61 Bryan Ardis. Watch the Water Documentary.Stew Peters Network, 2022.

3시간 만에 두통·정신 혼란 사라짐, 3일 후 정상 수면

사례 2: 55세 남성, 백신 후 만성 피로·숨참·가슴 조임
니코틴 패치 2주 사용
5일째 호흡 개선, 2주 후 운동 가능

사례 3: 29세 여성, 집중력 저하·기억력 상실
니코틴 패치 + 고용량 비타민 C
2일 후 업무 복귀, 10일 후 "거의 정상"

Ardis는 이를 단순한 플라시보 효과가 아니라 nAChR 수용체를 보호하는 명백한 기전의 결과로 해석했다.

3. 하나님의 설계 – 수용체는 전쟁터이자 해답

Ardis는 과학을 넘어서 신앙의 눈으로 이 구조를 본다:
"하나님은 인간의 몸에 전쟁터를 설계하셨습니다. 수용체라는 열쇠 구멍을 두셨습니다. 그리고 그 자리에 들어갈 열쇠도 준비해 두셨습니다. 그것이 니코틴입니다. 그러나 담배를 말하는 게 아닙니다. 우리가 잃어버린 진리의 해독제입니다."

그가 말하는 니코틴은 단순히 물질이 아니라, 사탄이 독으로 공격하는 자리에서 하나님이 숨겨두신 반격의 열쇠였다. 창세기에서 뱀이 인류를 속인 그 순간부터, 하나님은 해독제도 함

께 준비하셨다. 이것은 우연이 아니라 창조주의 섭리였다.

4. 함께 사용되는 해독 요법들

Ardis는 니코틴만 강조하지 않았다. 그가 권하는 회복 요법들은 단순한 대체의학이 아니라 하나님이 주신 도구였다:

- 고용량 비타민 C (정맥 주사) - 항염증, 면역 조절
- NAC (N-Acetyl Cysteine) - 글루타치온 생성, 간 해독
- 글루타치온 - 강력한 항산화 및 독소 중화
- 멜라토닌 - 신경 안정, 수면 회복
- 아연 + 셀레늄 - 면역 강화, 바이러스 방어
- 활성탄, 킬레이션 - 중금속 제거
- 간 해독 단식 - 자연 재생과 면역 리셋

이 모든 과정이 우리 몸을 하나님이 설계하신 원래 상태로 되돌리는 회복이었다.

5. 마지막 해독제 – 진리를 분별하는 영

팬데믹 동안 사람들은 백신을 신뢰했고, 언론에 순종했다. 진리를 외친 자들은 조롱당하고 추방되었다. 이것은 단순한 의학적 문제가 아니라, 거짓과 진리의 전쟁이다. 미혹을 이길 유일한 방법은 말씀으로 깨어나는 것이다. 회복은 육체에서만 시작되지 않는다. 회복은 진리에서 시작된다.

6. 니코틴에 대한 거짓 정보 – 누가 우리를 속였는가?

니코틴이라는 단어를 듣자마자 "암", "중독", "흡연"이 떠오른다. 하지만 이것이 설계된 이미지라면? 니코틴 자체의 중독성은 카페인 수준이다[62]. 중독성은 담배 제조사들이 첨가한 화학물질 때문이다:

암모니아 → 니코틴 흡수 극대화

아세트알데하이드 → 도파민 분비 촉진

설탕, 타르, 벤젠 → 의존성·발암성 강화

니코틴은 원래 의약품이었다. 19세기 후반부터 파킨슨병, 알츠하이머, ADHD 치료 연구에 사용되었고. 염증 억제, 인지 기능 강화, 면역 조절 효과가 입증되었다. 지금도 FDA 승인 금연 보조제로 쓰이고 있다[63]. 2021년 프랑스 파스퇴르 연구소 연구에선 니코틴 사용자가 COVID-19 중증으로 진행될 위험이 현저히 낮았다.[64]

7. 음식 속 니코틴 – 하나님의 섭리인가?

---

62 Neal L. Benowitz. "Nicotine addiction." The New England Journal of Medicine362.24 (2010): 2295–2303.

63 U.S. FDA. "FDA Approves First Nicotine Patch for Over-the-Counter Sale." FDA Consumer Magazine, 1996.

64 Konstantinos Farsalinos et al. "Nicotine and SARS-CoV-2: COVID-19 may be a disease of the nicotinic cholinergic system." Toxicology Reports7 (2020): 658–663.

니코틴은 놀랍게도 우리가 매일 먹는 채소에도 자연적으로 존재한다. 가지, 토마토, 감자, 고추, 홍차, 녹차

우리는 매일 소량의 니코틴을 섭취하지만, 중독은 일어나지 않는다.

식품명	100g당 니코틴 함량 (μg)
가지	100
토마토	42
감자	15
고추	7
홍차·녹차	100~285

8. 진리를 막은 자들, 그리고 열리는 길

니코틴이 해독의 실마리라는 사실이 널리 알려지면 누가 가장 큰 손해를 볼까?

수조 원대 제약 산업

백신 이익을 독점한 권력

팬데믹 공포를 유지하려 했던 글로벌 언론

니코틴을 '악마화'한 것은 단순한 건강 캠페인이 아니라, 진

짜 해독제를 숨기기 위한 계획이었다. 이제 우리는 분별해야 한다. 겉으로 악마화된 이미지를 믿을 것인가, 아니면 그 이면에 숨겨진 하나님의 회복 질서를 볼 것인가.

제 21 장

제20장. 감춰진 해독제 : 재사용 약물

"하나님은 어떤 질병도 그냥 허락하지 않으신다.
해독의 열쇠는 늘 가까이에 있다."

\- Dr. William Makis

1. 기성 의학의 바깥에서 들려온 목소리

2025년 초, 할리우드 배우 멜 깁슨(Mel Gibson)의 한 팟캐스트 발언은 많은 이들을 충격에 빠뜨렸다. 그는 이렇게 말했다.

"내 친구들이 스테이지 4 암 판정을 받고 시한부 선고를 받았는데, 전통 의학이 거부하고 무시하던 약으로 모두 완치됐

다."[65] 그가 공개적으로 언급한 약물들은 모두 기존 의학계가 탐탁지 않게 여겼던 것들이다:

· 이버멕틴 (Ivermectin)
· 펜벤다졸 (Fenbendazole)
· 메틸렌 블루 (Methylene Blue)

깁슨은 이 사례들을 "주류 언론이 절대로 보도하지 않으려는 불편한 진실"이라고 주장했다. 그것은 거대한 이권과 정치적 이해관계 속에서 철저히 배제되고 묻혀버린 해답의 가능성이었다.

2. 이버멕틴 - 기생충 약에서 암의 적으로

이버멕틴은 1970년대 말 일본의 사토시 오무라가 발견해 개발한 기생충 치료제였다.

아프리카와 남미의 수억 명을 실명과 기생충 질병에서 구해낸 약물로, 노벨상을 수상했다. 하지만 2020년대 팬데믹을 거치며 예상치 못한 연구들이 쏟아졌다.

그 중 하나가 바로 항암 효과였다.[66] 연구는 다음과 같은 메

---

65 Gibson, M. (2025). Interview on The Joe Rogan Experienceand Shaun Newman Podcast.
66 Cadegiani, F. A. (2021). Ivermectin against cancer: A literature review.

커니즘을 밝혔다:

암세포 미세환경의 면역 억제 인자 차단

암 줄기세포(SCCs)의 분화 유도 및 사멸 촉진

염증성 사이토카인 억제 및 T세포 활성화[1]

특히 유방암, 췌장암, 전립선암 등 다양한 고형암에서 이버멕틴은 세포자멸(apoptosis)을 유발하며, 기존 화학요법보다 부작용이 적은 대안으로 연구되고 있다.

"기생충 약이 암을 고친다"는 말이 황당하게 들릴지 모르지만, 연구자들은 이버멕틴이 우리가 알던 것보다 훨씬 더 복합적이고 강력한 분자라고 말한다.

3. 펜벤다졸 – 개 구충제의 반전 드라마

펜벤다졸(Fenbendazole)은 반려동물의 구충제로 사용되던 약이다. 그러나 2019년, 미국의 기업가 조 티펜스(Joe Tippens)가 말기 폐암 진단을 받고 펜벤다졸을 복용해 완치된 사례를 공개하면서 세계의 이목을 끌었다. 그는 자신의 복용 경험을 블로그와 언론 인터뷰에서 상세히 공개했고, 이후 '펜벤다졸 프로토콜'은 암환자 커뮤니티에서 생존 전략으로 회자되었다.

처음에는 주류 의학계가 이를 "근거 없는 민간요법"이라 일축했다. 그러나 시간이 지나면서 일부 환자들의 설명하기 어려

Frontiers in Oncology.

운 회복 사례가 나오자 과학자들도 연구를 시작했다. 펜벤다졸의 항암 메커니즘은 이렇게 알려져 있다:

세포 골격(미세소관)의 형성 억제 → 암세포 분열 차단

포도당 대사 저해 → 암세포 굶기기 효과

p53 유전자 활성화 → 암세포 자멸 유도[67]

무엇보다 펜벤다졸은 정상세포에 독성이 거의 없다는 특성이 부각되었다. 화학요법의 극심한 부작용과 비교하면, "저비용·저독성" 치료제의 희망이었다. 아이러니하게도, 특허가 만료되어 있어 제약회사가 연구비를 투자할 동기가 없는 "값싼 약"이라는 점이 오히려 묻힌 이유였다.

4. 메틸렌 블루 - 뇌와 세포를 되살리는 파란 해독제

메틸렌 블루(Methylene Blue)는 19세기부터 의학계에서 쓰인 고전적 물질이다. 원래는 염료였으나, 말라리아 치료제, 요로소독제, 해독제로도 사용됐다. 최근 연구에서는 뇌기능 회복과 암 치료 보조제로서의 가능성이 새롭게 조명되고 있다.[3]

그 주요 작용은 다음과 같다:

미토콘드리아 기능 향상 → 세포 에너지 대사 회복

산화스트레스 조절 → 암세포 환경 약화

---

[67] Dogra, R. et al. (2020). Repurposing benzimidazoles as anti-cancer agents. Journal of Cancer Research and Therapeutics.

뇌기능 증진 → 기억력 회복, 브레인포그 개선

특히 '항암치료 후 인지 저하(CICI)' 환자에서 메틸렌 블루가 눈에 띄는 기억력 회복을 보였다는 사례가 보고되었다. 중추신경계 암 환자에게도 연구가 진행 중이다. 뿐만 아니라 항산화 및 항염 작용을 통해 종양의 성장 환경을 억제하고 전이를 막을 가능성도 제기된다.[68] 그저 염료로만 알려졌던 이 물질은, 사실상 우리 몸을 되살리는 정밀한 해독제였다.

5. Dr. William Makis의 통찰 – "터보암은 단순한 돌연변이가 아니다"

Dr. William Makis는 캐나다의 핵의학 전문의이자 종양학 연구자이며, COVID-19 팬데믹 이후 급격히 등장한 '터보암(turbo cancer)' 현상을 연구해왔다. [69]그는 이렇게 말한다: "암은 단일 질환이 아니다. 복합적 독소의 총체다. 그리고 정밀한 해독이 필요하다."

Makis 박사는 특히 mRNA 백신유래 단백질이 면역 억제와 염증성 사이토카인 분비를 유도해 암세포 증식을 촉진했을 가능성을 제기한다. 이런 관점에서, 이버멕틴·펜벤다졸·메틸렌

---

68 Zhao, R. et al. (2022). Methylene blue in neurodegeneration and cancer therapy. Clinical Pharmacology.
69 Makis, W. (2025). Dr. William Makis On Using IVERMECTIN and FENBENDAZOLE. BitChute.

블루는 각각 다른 경로를 차단하는 다중 해독제 역할을 할 수 있다고 강조한다. 그는 단언한다: "터보암을 이기려면, 단일 표적이 아닌 다중 표적 해독을 해야 한다. 암은 무작위 돌연변이가 아니라 독성 누적의 결과다."

6. 결론: "금지된 해독제"를 다시 들여다보라

기존 의료 시스템은 과학이 아닌 정치와 이권 논리에 따라 움직여왔다. 값싸고 특허가 끝난 약물들은 연구비를 지원받지 못했고, 거대 제약회사의 이익을 위협할 때는 '위험하다'는 낙인이 찍혔다. 암은 단지 육체의 병이 아니다. 그것은 무지, 억압, 탐욕이 빚어낸 열매이기도 하다. 해답은 멀리 있지 않다. 오히려 가장 가까운 곳, 우리가 외면했던 진실 속에 숨겨져 있었다. 이제는 두려움이 아니라 분별로 나아가야 한다. 진리의 해독제를 다시 들여다보고, 잃어버린 생명의 길을 회복해야 할 때다.

제 22 장

디톡스 라이프 스타일

"너희는 너희 하나님 여호와께로 돌아오라…
너희 입술의 열매를 가지고 그에게 나아가라."
- 호세아 14:1-2

1. 백신보다 먼저 회복해야 할 것

팬데믹 이후, 세상은 "회복"을 부르짖었지만, 교회는 너무 자주 침묵했다. 성도들은 정부의 지침을 따르느라 백신을 의지했고, QR코드는 복음이 머물러야 할 문 앞을 가로막았다. 그러나 진정으로 먼저 치유되어야 할 것은 우리의 몸이 아니라 우리의 믿음이었다. 흐려진 분별력, 마비된 예배, 무기력한 침묵. 주술Pharmakeia의 시대를 살아가는 우리는 무엇보다 영혼의 디톡스가 필요하다. 이 독소는 단순히 주사기에서가 아니라, 거짓을 믿고 두려움에 굴복한 우리의 마음 안에서 자랐다. 이제 몸을 해독하기 전에, 믿음을 먼저 정금처럼 단련해야한다. 이것이 모든 치유의 시작이다.

2. 회개 - 진짜 해독은 심령에서 시작된다

회개는 단순히 "잘못했습니다"라고 말하는 의식이 아니다. 회개는 방향을 바꾸는 것이다. 내가 붙잡던 안전함, 거짓 평안, 타협의 길에서 돌아서서 하나님께 향하는 것이다. 복음을 침묵시킨 타협에서 돌아서야 한다. 성경은 우리가 돌이킬 때 "그가 미쁘시고 의로우사 우리 죄를 사하시며, 모든 불의에서 우리를 깨끗하게 하실 것이요"라고 말씀하신다.(요일 1:9)

주술Pharmakeia의 미혹은 겉으로는 안전을 약속하지만, 사망으로 인도한다. 그뿐 아니라 영혼을 노예로 만든다. 그리스도의 피만이 이 거대한 속임의 독을 씻을 수 있다. 참된 해독은 병원에서 시작되지 않는다. 참된 해독은 심령의 회개에서 시작된다. 예수님께서는 "회개하라, 천국이 가까이 왔느니라"라고 말씀하신다. 이 부르심을 외면한 해독은 껍데기에 불과하다.

3. 기도 - 통제 시스템에 맞서는 영적 호흡

기도는 단순한 종교적 습관이 아니다. 기도는 하늘과 연결된 유일한 통신선이다. 기도 없이는 미혹을 분별할 수 없다. 기도 없이는 거짓을 거절할 수 없다. 기도는 우리 안의 독소를 토해내는 영적 호흡이다.

기도는 마음을 맑게 하고 하나님의 음성에 민감하게 한다. 기도는 세상의 소음을 잠재우고 성령의 조용한 속삭임을 듣게 한다. 기도는 통제와 억압의 시스템을 거부하는 영적 저항이다. 기도는 두려움을 몰아내고 담대함을 세운다.

기도 없는 디톡스는 없다. 기도 없는 저항은 무모하고, 기도 없는 믿음은 위험하다. 기도는 해독의 시작이자 끝이다.

4. 금식 – 몸과 영혼의 리셋

예수님은 공생애를 금식으로 시작하셨다. 다니엘은 제국의 식탁을 거절했다. 금식은 단식이 아니다. 금식은 탐욕의 통제를 끊는 영적 반란이며, 몸과 영혼을 말씀의 주파수에 맞추는 리셋이다.

금식은 인공 화학과 과도한 당, 인스턴트 식품에 길든 몸을 깨끗하게 한다. 약물과 음식으로 마비된 자율성을 회복한다. 금식은 말씀의 갈망을 일으키는 실천이다. 먹는 것에 매인 노예가 아니라, 말씀으로 사는 하나님의 자녀로 돌아가는 길이다. 예수님께서는 "사람이 떡으로만 살 것이 아니요… 하나님의 입으로 나오는 모든 말씀으로 살 것이라"라고 말씀하셨다.(

마 4:4) 금식은 몸의 독소를 해독하면서, 동시에 영혼의 독소인 탐욕과 두려움을 끊어낸다. 현대의 풍요가 만들어낸 중독적 소비를 거슬러, 하나님의 질서로 되돌아가는 행위다.

5. 말씀 – 영혼을 해독하는 진리의 물

스파이크 단백질이 혈관을 파고들듯, 거짓도 마음을 파고들었다. 주술Pharmakeia의 시대는 정보와 권위와 과학을 가장해 거짓을 진리로 팔았다. 그리고 그 독을 해독할 수 있는 것은 오직 말씀이다. "주의 말씀은 내 발에 등이요, 내 길에 빛이니이다." (시119:105)

말씀은 우리 안의 거짓을 드러낸다. 침묵을 깨고 진리를 선포하게 한다. 거짓을 구별하게 한다. 말씀은 영혼의 해독제다. 말씀 없이는 독을 분해할 수 없다. 말씀은 우리의 분별력을 세우는 빛이다.

6. 자연요법 – 하나님의 창조 질서 안으로 돌아가기

하나님은 창조 때부터 회복의 비밀을 자연 안에 숨겨두셨다. 그것은 병원도, 백신도 아닌 하나님의 손길이 깃든 질서 그 자체였다. "그 잎사귀들은 만국을 치료하기 위하여 있더라." (계 22:2) 우리는 하나님이 주신 자연의 질서를 벗어나며 병들었다. 해독은 다시 창조의 법칙 안으로 돌아가는 것이다.

창조 해독 실천 제안:

물: 하루 2L 이상의 깨끗한 자연수

소금: 미네랄 풍부한 자연염 섭취

햇볕: 하루 15~30분 일광욕

공기: 숲, 바다, 들판에서 깊은 호흡과 기도

산책: 하루 30분 자연 속 걷기 기도

접지: 맨발로 흙, 잔디, 모래 걷기

유기농 식사: 제철 채소, 통곡물, 무가공 음식

해독 식물: 클로렐라, 생강, 마늘, 울금, 레몬 등

자연은 단순한 환경이 아니라 하나님의 처방전이다. 자연의 리듬에 맞춰 살 때, 몸과 영혼이 함께 해독된다. 창조 질서로 돌아가는 것, 그것이 이 시대 최고의 해독이다.

7. 단순한 삶 – 진리를 위한 공간 만들기

이 시대는 과도하다. 너무 많은 소리, 정보, 약, 편리함이 우리를 독살한다. 해독은 비우는 것에서 시작된다. 단순함은 진리가 머물 수 있는 공간이다.

실천 제안:

· 하루에 한 번 전자기기 전원 끄기

· 가공식품 줄이고 정직한 음식 먹기

- 침묵 속에서 말씀을 듣는 밤 갖기
- 조용한 새벽에 성경과 함께 걷기
- SNS 대신 기도노트 쓰기

단순한 삶은 진리를 위한 공간이다.

복잡함을 버리고, 하나님의 음성에 귀 기울일 수 있는 삶으로 돌아가라.

결론: 하나님의 회복은 전인적이다

하나님이 주시는 회복은 단순히 몸을 치료하는 데서 끝나지 않는다. 그분은 우리의 영혼, 생각, 감정, 관계, 예배, 일상을 모두 새롭게 하신다. 그 회복은 병원에서 오지 않는다. 정부 지침에서 오지 않는다. 백신 인증서에서 오지 않는다.

주님은 "나는 너희를 고치는 여호와라"라고 말씀하신다.(출 15:26)

- 회개의 눈물
- 기도의 호흡
- 금식의 고요
- 말씀의 검
- 창조의 순리
- 단순한 삶

이 모든 것을 통해 하나님은 우리를 다시 만지신다. 회복은 한 순간의 기적이 아니라, 하나님께 돌아가는 여정이다. 이 디톡스는 거룩을 위한 삶의 방식이다. 그리고 이것이야말로 진정한 치유의 길이다.

부록

부록A. 회개의 기도

"주님, 우리를 주님께로 돌이켜 주십시오. 우리가 주님께로 돌아가겠습니다. 우리의 날을 다시 새롭게 하셔서, 옛날과 같게 하여 주십시오."(애가 5:21)

"이제 주님께로 돌아가자. 주님께서 우리를 찢으셨으나 다시 싸매어주시고, 우리에게 상처를 내셨으나 다시 아물게 하신다. 이틀 뒤에 우리를 다시 살려 주시고, 사흘 만에 우리를 다시 일으켜 세우실 것이니, 우리가 주님 앞에서 살 것이다."(호 6:1-2)

"지나온 길을 돌이켜 살펴보고, 우리 모두 주님께로 돌아가자."(애가 3:40)

"주님, 주님께서 죄를 지켜 보고 계시면, 주님 앞에 누가 감히 맞설 수 있겠습니까? 용서는 주님만이 하실 수 있는 것이므로, 우리가 주님만을 경외합니다."(시 130:3-4)

"하나님, 주님의 한결같은 사랑으로 내게 자비를 베풀어 주십시오. 주님의 크신 긍휼을 베푸시어 내 반역죄를 없애 주십시오. 내 죄악을 말끔히 씻어 주시고, 내 죄를 깨끗이 없애 주십시오. 나의 반역을 내가 잘 알고 있으며, 내가 지은 죄가 언제나 나를 고발합니다. 주님께만, 오직 주님께만, 나는 죄를 지었습니다. 주님의 눈앞에서, 내가 악한 짓을 저질렀으니, 주님의 판결은 옳으시며 주님의 심판은 정당합니다. 실로, 나는 죄 중에 태어났고, 어머니의 태 속에 있을 때부터 죄인이었습니다. 마음속의 진실을 기뻐하시는 주님, 제 마음 깊은 곳에 주님의 지혜를 가르쳐 주셨습니다. 우슬초로 나를 정결케 해주십시오. 내가 깨끗하게 될 것입니다. 나를 씻어 주십시오. 내가 눈보다 더 희게 될 것입니다. 기쁨과 즐거움의 소리를 들려주십시오. 주님께서 꺾으신 뼈들도, 기뻐하며 춤출 것입니다. 주님의 눈을 내 죄에서 돌리시고, 내 모든 죄악을 없애 주십시오. 아, 하나님, 내 속에 깨끗한 마음을 창조하여 주시고 내 속을 견고한 심령으로 새롭게 하여 주십시오. 주님 앞에서 나를 쫓아내지 마시며, 주님의 성령을 나에게서 거두어 가지 말아 주십시오. 주님께서 베푸시는 구원의 기쁨을 내게 회복시켜 주시고, 내가 지탱할 수 있도록 내게 자발적인 마음을 주십시오. 반역하

는 죄인들에게 내가 주님의 길을 가르치게 하여 주십시오. 죄인들이 주님께로 돌아올 것입니다."(시 51편)

"어느 누가 자기 잘못을 낱낱이 알겠습니까? 미처 깨닫지 못한 죄까지도 깨끗하게 씻어 주십시오. 주님의 종이 죄인 줄 알면서도 고의로 죄를 짓지 않도록 막아 주셔서 죄의 손아귀에 다시는 잡히지 않게 지켜 주십시오. 그때에야 나는 온전하게 되어서, 모든 끔찍한 죄악을 벗어 버릴 수 있을 것입니다. 나의 반석이시요 구원자이신 주님, 내 입의 말과 내 마음의 생각이 언제나 주님의 마음에 들기를 바랍니다."(시 19:12-14)

"내 영혼아, 주님을 찬송하여라. 마음을 다하여 그 거룩하신 이름을 찬송하여라. 내 영혼아, 주님을 찬송하여라. 주님이 베푸신 모든 은혜를 잊지 말아라. 주님은 너의 모든 죄를 용서해 주시는 분, 모든 병을 고쳐 주시는 분, 생명을 파멸에서 속량해 주시는 분, 사랑과 자비로 단장하여 주시는 분, 평생을 좋은 것으로 흡족히 채워 주시는 분, 네 젊음을 독수리처럼 늘 새롭게 해주시는 분이시다. 주님은 자비롭고, 은혜로우시며 노하기를 더디 하시며, 사랑이 그지없으시다. 두고두고 꾸짖지 않으시며, 노를 끝없이 품지 않으신다. 우리 죄를, 지은 그대로 값질 않으시고 우리 잘못을, 저지른 그대로 갚지 않으신다. 하늘이 땅에서 높음같이, 주님을 두려워하는 사람에게는, 그 사랑도 크시다. 동이 서에서 먼 것처럼, 우리의 반역을 우리에게서 멀리 치우시며, 부모가 자식을 가엾게 여기듯이, 주님께서는 주님을 두려워하는 사람을 가엾게 여기신다. 주님께서는 우리가 어떻게 창조되었음을 알고 계시기 때문이며, 우리가 한갓 티끌임을 알고 계시기 때문이다."(시 103:1-14)

부록

부록B. 치유의 기도

 주님은 마음이 상한 사람을 고치시고, 그 아픈 곳을 싸매어 주신다." (시147:3)

 "여호와여 주는 나의 찬송이시오니 나를 고치소서 그리하시면 내가 낫겠나이다. 나를 구원하소서 그리하시면 내가 구원을 얻으리이다."(렘17:14)

 "나는 한창 나이에 무덤(스올)의 문으로 들어가는가 싶었다. 남은 여생을 빼앗긴다는 생각도 들었다. 나는 제비처럼 학처럼 애타게 소리지르고, 비둘기처럼 구슬피 울었다. 나는 눈이 멀도록 하늘을 우러러 보았다. '주님, 저는 괴롭습니다. 이 고통에서 저를 건져 주십시오! 주님 주님을 섬기고 살겠습니다. 주님만 섬기겠습니다. 저를 낫게 하여 주셔서, 다시 일어나게 하여 주십시오. 이 아픔이 평안으로 바뀔 것입니다. 주님께서 이 몸을 멸망의 구덩이에서 건져 주시고, 주님께서 저의 모든 죄를 용서하십시오. 무덤(스올)에서는 아무도 주님께 감사 드릴 수 없습니다. 죽은 사람은 아무도 주님을 찬양할 수 없습니다. 죽은 사람은 아무도 주님의 신실하심을 의지할 수 없습니다. 제가 오늘 주님을 찬양하듯, 오직 살아있는 사람만이 주님을 찬양할 수 있습니다. 부모들이 자녀들에게 주님의 신실하심을 일러줍니다. 주님, 주님께서 저를 낫게 하셨습니다. 우리가 수금을 뜯으며, 주님을 찬양하겠습니다. 사는 날 동안, 우리가 주님의 성전에서 주님을 찬양하겠습니다.'"(이사야 38:10, 14)

주님, 이스라엘의 희망은 주님이십니다. 주님을 버리는 사람마다 수치를 당하고, 주님에게서 떠나간 사람마다 생수의 근원이신 주님을 버리고 떠나간 것이므로, 그들은 땅바닥에 쓴 이름처럼 지워지고 맙니다. 주님, 저를 고쳐 주십시오. 그러면 제가 나을 것입니다. 저를 살려 주십시오. 그러면 제가 살아날 것입니다. 주님은 제가 찬양할 분이십니다. (예레미야 17:14)

여호와여 주의 분으로 나를 견책하지 마옵시며 주의 진노로 나를 징계하지 마옵소서. 여호와여 내가 수척하였사오니 긍휼히 여기소서. 여호와여 나의 뼈가 떨리오니 나를 고치소서. (시 6:2)

여호와 내 하나님이여 내가 주께 부르짖으매 나를 고치셨나이다. 여호와여 주께서 내 영혼을 음부에서 끌어내어 나를 살리사 무덤으로 내려가지 않게 하셨나이다. (시편 30:2)

저희가 그 근심 중에서 여호와께 부르짖으매 그 고통에서 구원하시되 그가 그의 말씀을 보내어 그들을 고치시고 위험한 지경에서 건지시는도다 (시107:19-20)

내 아들아 내 말에 주의하며 내가 말하는 것에 네 귀를 기울이라 그것을 네 눈에서 떠나게 하지 말며 네 마음 속에 지키라 그것은 얻는 자에게 생명이 되며 그의 온 육체의 건강이 됨이니라. (잠4:20-22)

주님의 말씀이 나를 살려 주었으니, 내가 고난을 받을 때에, 그 말씀이 나에게 큰 위로가 되었습니다. 주님의 법을 내 기쁨으로 삼지 아니하였더라면, 나는 고난을 이기지 못하고 망하고 말았을 것입니다. 주님께서 주님의 법도로 나를 살려 주셨으니, 나는 영원토록 그 법도를 잊지 않겠습니다. 나는 주님의 것이니, 나를 구원하여 주십시오. 나는 열심히 주님의 법도를 따랐습니다. 재난과 고통이 내게 닥쳐도, 주님의 계명은 내 기쁨입니다. 주님의 법이 나의 기쁨이니, 주님의 긍휼을 나에게 베풀어 주십시오. 그러면 내가 새 힘을 얻어 살 것입니다. 주님의 증거는 언제나 의로우시니, 그것으로 나를 깨우쳐 주시고 이 몸이 활력을 얻게 해주십시오. 온 마음을 다하여 부르짖으니, 주님, 나에게 응답하여 주십시오. 내가 주님의 율례들을 굳게 지키겠습니다. 내가 주님을 불렀으니, 나를 구원하여 주십시오. 내가 주님의 증거를 지키겠습니다. 내가 주님의 법도를 택하였으니, 주님께서 손수 나를 돕는 분이 되어 주십시오. 주님, 내가 주님의 구원을 간절히 기다리니, 주님의 법이 나의 기쁨입니다. 나를 살려 주셔서, 주님을 찬양하게 해주시고, 주님의 규례로 나를 도와주십시오. 나는 길을 잃은 양처럼 방황하고 있습니다. 오셔서, 주님의 종을 찾아 주십시오. 나는 주님의 계명을 잊은 적이 없습니다. (시119:50, 77, 92-94, 143-146, 173-176)

내 영혼아 여호와를 송축하며 그의 모든 은택을 잊지 말지어다 그가 네 모든 죄악을 사하시며 네 모든 병을 고치시며 네 생명을 파멸에서 구속하시고 인자와 긍휼로 관을 씌우시며 좋은 것으로 네 소원을 만족케 하사 네 청춘으로 독수리같이 새롭게 하시는도다. (시편 103:2-3)

그가 찔림은 우리의 허물 때문이요 그가 상함은 우리의 죄악 때문이라 그가 징계를 받음으로 우리는 평화를 누리고 그가 채찍에 맞음으로 우리는 나음을 받았도다. (사53:5)

친히 나무에 달려 그 몸으로 우리 죄를 담당하셨으니 이는 우리로 죄에 대하여 죽고 의에 대하여 살게 하려 하심이라 그가 채찍에 맞음으로 너희는 나음을 얻었다. (벧전 2:24)

예수께서 이르시되 딸아 네 믿음이 너를 구원하였으니 평안히 가라 네 병에서 놓여 건강할지어다. (막 5:34)

"내가 죽지 않고 살아서 여호와께서 하시는 일을 선포하리로다."(시118: 17)

부록

부록 C. 자주 묻는 질문 (FAQ)

Q1. 백신을 이미 맞았습니다. 저도 속은 것입니까? 저주를 받은 것인가요?

많은 이들이 진실을 알지 못한 채, 선의로 백신을 선택했습니다. 그리고 많은 경우 정부, 교회, 언론의 강요와 사회적 압력 속에서 대부분의 사람들은 선택의 여지가 없었습니다. 하나님은 중심을 보십니다. 지금 중요한 것은 당신이 무엇을 했는가가 아니라, 지금 무엇을 깨닫고, 어디로 돌이키고 있는가입니다.

"그런즉 이제 그리스도 예수 안에 있는 자에게는 결코 정죄함이 없나니." (롬 8:1)

Q2. 백신을 맞지 않은 사람만 구원받는 것입니까?

그렇지 않습니다. 구원은 오직 예수 그리스도의 십자가와 부활을 믿는 믿음으로만 주어집니다. 어떤 백신도 구원을 주거나 빼앗을 수 없습니다. 그러나 주술pharmakeia이라는 시스템을 영적 통제의 도구로 분별해야 합니다. 백신 자체가 지옥행 티켓이 아니라, 그 배후의 미혹과 통제에 무비판적으로 순종하는 태도가 신앙의 중심을 흔들 수 있다는 사실을 경고하는 것입니다.

Q3. 병원을 가는 것도 죄입니까? 약을 먹으면 안 되는 건가요?

아니요. 병원과 약 자체가 악한 것은 아닙니다. 하나님은 의학도 사용하십니다. 누가도 의사였고, 성경은 기름 부어 기도하며 병든 자를 돌보라고 말합니다. 다만 오늘날 많은 치료와 약물이 주술pharmakeia적인 요소(미혹, 중독, 통제)를 포함하기 시작했고, 성도들이 그것을 '하나님보다 더 신뢰'하는 현상이 위험한 것입니다. 약은 도구일 뿐, 치료자는 하나님이십니다.

Q4. Remdesivir나 mRNA 백신이 진짜 뱀의 독과 관련 있습니까?

과학적으로 구조 유사성이 보고된 연구들은 존재합니다. 스파이크 단백질의 특정 부위가 코브라 독의 신경독 펩타이드와 유사하다는 주장들이 있었고, Dr. Bryan Ardis는 그 유사성을 바탕으로 "독을 맞은 것"이라는 비유적 경고를 제시했습니다. 물론 주류 과학계는 이 이론을 비판하며 "과장되었다"고 봅니다. 그러나 더 많은 증거들이 나타나고 있습니다. 하지만 성경적 시각에서는 실제 독보다 더 중요한 것이 '영적 상징성과 미혹의 패턴'입니다.

"뱀은 거짓의 아비요, 온 세상을 미혹하는 자"입니다. (계 12:9) 결국 중요한 것은 과학적 논쟁을 넘어, 이 시대가 사탄의 전략 아래 어떻게 움직이고 있는가를 보는 눈입니다.

Q5. QR코드나 디지털 화폐가 짐승의 표입니까?

아직은 아닐 수 있습니다. 그러나 "준비된 구조"임은 분명합니다.

- 매매를 통제할 수 있습니다.
- 개인 정보를 중앙화합니다.
- 사람들을 훈련시킵니다: "거절하면 제한받는다."

짐승의 표는 단순히 물리적 표식이 아니라, 그 표식에 '영적 순종'을 강요하는 시스템입니다. QR코드와 디지털 시스템은 그 방향으로 사람들을 익숙하게 만들고 훈련시키는 도구가 되고 있습니다. 지금은 분별할 때입니다.

Q6. 교회가 이런 것들을 다루지 않는 이유는 뭘까요?

- 무지함 때문입니다.
- 두려움 때문입니다.
- 순응이 더 쉽기 때문입니다.
- 교회 지도자들조차 이 시스템에 너무 깊이 연결되어 있기 때문입니다.

그러나 하나님은 작은 자들, 무명의 자들, 광야에 선 자들을 통해 늘 경고의 나팔을 불게 하셨습니다. 당신이 깨어 있다면, 당신이 그 경고자가 될 수 있습니다.

Q7. 그렇다면 이제 나는 어떻게 살아야 합니까?

첫째, 회개하십시오.

- 지금까지 믿음을 시스템에 넘긴 것이 있다면,
- 진리를 외면하고 편의를 택한 것이 있다면,
- 진리를 알고 있는데 침묵한 것이 있다면

회개는 심판을 막고, 새로운 길을 여는 능력입니다.

둘째, 깨어 있으십시오.

- 기도하며 뉴스의 흐름을 보십시오.
- 말씀 안에서 세상의 구조를 분별하십시오.
- 다른 사람에게도 진리를 말하십시오.

셋째, 공동체를 세우십시오.

- QR 없는 예배를 드릴 수 있는 소그룹
- 백신 패스 없이도 나눔과 교제를 할 수 있는 믿음의 장막
- 광야의 시대를 함께 건널 '남은 자들'을 찾으십시오.

넷째, 그리스도만을 의지하십시오.

- 기술이 아닌 말씀
- 약이 아닌 복음
- 체계가 아닌 성령의 인도하심

"그날에 너희는 나 외에는 아무것도 의지하지 아니하리라."
(사 10:20)

부록

부록 D. QR 없는 예배, 디지털 없이 사는 삶을 위한 제안

"의인은 믿음으로 말미암아 살리라." 롬1:17

1. QR 없는 예배는 가능한가?

2021년 이후, 많은 나라와 도시에서 "백신 패스 없이 교회 출입 불가" 조치가 내려졌습니다. 일부 교회는 순응했고, 일부 교회는 거부했고, 일부 교회는 분열을 겪었습니다. 그러나 하나님은 QR로 인증된 자가 아닌, 예수의 피로 덧입은 자를 예배자로 부르십니다. 예배는 허가받는 것이 아니라, 하나님 앞에 나아가는 자의 권리입니다.

현실적 대안:

- 소그룹 예배: 가정, 야외, 차량, 산책길, 어느 곳이든
- "두세 사람이 주의 이름으로 모이는 곳"이 성전입니다.
- QR 없는 예배 공동체: 지역에서 연합하여 백신 패스 없는 개방 예배를 드리는 교회를 찾거나 직접 세우십시오.
- 침묵하지 않는 교회: 교회 지도자에게 조용히 편지하십시오. "QR 없이도 함께 예배드릴 수 있도록 해주십시오."

2. 백신 없는 삶은 가능한가?

현실은 쉽지 않습니다.

- 직장을 잃을 수 있습니다.
- 학교를 그만둬야 할 수 있습니다.
- 가족과의 갈등이 생길 수 있습니다.

그러나 믿음을 지킨다는 것은 언제나 대가를 수반하는 선택이었습니다.

"무릇 그리스도 예수 안에서 경건하게 살고자 하는 자는 핍박을 받으리라." (딤후 3:12)

현실적 대안:

- 소규모 자영업/프리랜서로 전환을 고려:
- 자율성이 높은 형태의 생계 방식이 디지털 통제에 덜 노출됩니다.

홈스쿨/기독 대안 교육:

- QR 없이 아이들을 보호할 수 있는 믿음의 교육 환경을 찾으십시오.
- 공유 농장/공동체 소비 네트워크:
- 지역 농산물 및 신앙인 간 직거래를 통해 중앙 통제를 우회하십시오.

3. 디지털 없이 사는 법 – 완전한 단절이 아니라 '분별된 사용'

디지털을 완전히 끊는 것은 불가능에 가깝습니다.

그러나 "모든 것을 사용하되, 내가 그것에 종되지 않는 삶"은 가능합니다.

핵심은 통제권이 누구에게 있는가입니다.

실천 제안:

- "오프라인 우선" 삶으로 전환하기:

- 예배, 만남, 거래, 교육을 디지털 기반보다 현실 공동체 중심으로 회복하십시오.
- 의도적 데이터 절제:
- 위치 공유, 생체정보 등록, 자동 로그인, 클라우드 기록을 제한하십시오.
- 디지털 단식 훈련:
- 일정 기간 스마트폰 없이 생활하며 하나님과 깊이 교제해 보십시오.

4. 복술pharmakeia 없이 치료받는 법 – 믿음, 자연, 공동체

우리는 약과 병원 없는 시대를 살 수 없습니다. 그러나 우리는 그리스도를 먼저 의지하고, 하나님이 주신 자연의 자원과 지혜를 회복할 수 있습니다.

실천 제안:

- 면역을 해치지 않는 자연 요법과 식이치료를 배우십시오. (예: 항산화 식단, 해독 주스, 운동, 햇볕, 금식)
- 기독 대체의학 네트워크 연결:
- 예수님의 이름으로 환자를 섬기는 의료인들을 찾고 연결되십시오.
- 기도와 믿음의 중보 회복:

- 기도는 여전히 살아 있으며, 하나님의 치유는 지금도 역사합니다.

5. 남은 자들을 찾아라 – 흩어진 믿음의 공동체 만들기

가장 중요한 것은 혼자가 아니라는 것입니다. 엘리야도 좌절했습니다. 그러나 하나님은 말씀하셨습니다. "내가 바알에게 무릎 꿇지 않은 칠천 명을 남겨 두었느니라." (왕상 19:18)

당신도 남은 자들을 찾아야 합니다. 그리고 그들과 함께 QR 없는 교회, 복음만을 기준으로 예배하는 공동체를 세우십시오.

실천 제안:

- Telegram, Signal, ProtonMail 등 검열 적은 통신망에서 연결하십시오.

소그룹 교회 세우기:

- 말씀, 기도, 예배, 나눔 중심의 QR 없는 모임을 시작하십시오.

전국적 연대:

- 다른 도시, 다른 교회, 다른 나라의 '남은 자들'과 연결되십시오.

부록

부록 E. 회개의 기도문 / 공동체 선언문

1. 개인 회개의 기도문

(고개를 숙이고, 침묵 후에 조용히 읽으십시오.)

하나님 아버지,
저는 지금 당신 앞에 나아옵니다.
그동안 너무 많은 것을 묻지 않았습니다.
사람들이 말하는 대로, 정부가 말하는 대로,
교회조차 침묵하는 그 흐름 속에서
저도 잠들어 있었습니다.

백신을 믿고, 시스템을 따르고,

QR코드를 내밀며 복음을 감추었습니다.
살아남기 위해, 비난받지 않기 위해,
편리함을 위해 진리를 타협했던 저를 용서하여 주옵소서.

병원을 더 신뢰했고,
약을 복음보다 더 가까이 두었으며,
내 몸을 하나님보다 사람들에게 맡겼습니다.
주님, 이 모든 무지와 두려움, 그리고 불순종을 회개합니다.

이제는 눈을 뜨게 하소서.
이 시대의 거짓을 분별하게 하소서.
회개하는 자에게 부어주시는 진리의 성령으로
다시 일어날 수 있게 하소서.

내 몸과 영혼, 마음과 생각을
오직 예수 그리스도께 드립니다.
이제는 더 이상 주술pharmakeia의 미혹을 따르지 않고,
말씀과 복음의 길을 걷겠습니다.

나의 구원은 약에서 오지 않고,
QR코드에서 오지 않으며,

오직 십자가에서 옵니다.

예수님의 이름으로 회개하며 기도드립니다.
아멘.

2. 공동체의 회개 선언문

(모임에서 함께 큰 소리로 낭독하며 선언할 수 있습니다.)
우리는 바벨론 시스템을 거절합니다.
우리는 주술pharmakeia을 거절합니다.
우리는 예수 그리스도만이 유일한 치료자이심을 고백합니다.
우리는 더 이상

- 백신 패스를 기준으로 사람을 나누지 않겠습니다.
- QR코드로 예배를 통제하지 않겠습니다.
- 치료라는 이름 아래 거짓을 묵인하지 않겠습니다.
- 편안함이라는 이유로 진리를 외면하지 않겠습니다.

우리는 이 시대의 교회로서,
성령의 인을 따라 살겠습니다.
진리로 무장하고, 광야로 나아가겠습니다.
바벨론의 방식을 따르지 않고, 복음의 질서를 따르겠습니다.
우리는 죽도록 충성하겠습니다.

우리의 생명보다
예수님의 말씀을 더 귀하게 여기겠습니다.
우리는 이 마지막 시대에
이기는 자로 남겠습니다.
예수 그리스도의 이름으로 선포합니다.
아멘.

3. 예배 후 기도문 (QR 없는 공동체 예배용)
주님,
이 자리에 모인 우리는
누구의 허가도, 시스템의 승인도 필요 없이
당신의 이름만으로 모였습니다.

우리는 QR코드가 아닌,
주님의 피로 말미암아 이 예배에 들어왔습니다.
우리의 손에는 바코드가 없고,
우리의 이마에는 기록된 데이터가 없으며,
우리의 가슴에는 복음이 있습니다.

우리가 소수일지라도,
우리가 광야 한가운데 있을지라도,

주께서 함께하시기에 부족함이 없습니다.

이 예배가 하늘을 흔들게 하소서.
이 회개가 민족을 깨우게 하소서.
이 고백이 거짓 체제를 흔들게 하소서.

오직 주님만이 우리의 왕이십니다.
주님만이 우리의 치료자이십니다.
예배는 QR이 아니라,
심령과 진정으로 드려지는 것입니다.

예수님의 이름으로
이 시대의 예배를 회복시키소서.
아멘.

부록

부록 F. 참고 문헌 및 연구 자료 목록

성경적 주석 / 고대 문헌 / 현대 과학 논문
저널리즘 출처로 구성

1. 과학 논문 및 의료 비평

- Cheng, M. H. et al. (2020).
- "Potential binding mechanism of SARS-CoV-2 spike protein to nicotinic acetylcholine receptors."
- Toxins (Basel), 12(9), 642.
- - 스파이크 단백질의 특정 부위가 신경독과 유사한 결합 구조를 가짐.
- DiNicolantonio, J., McCarty, M. (2021).

- "COVID-19's spike protein is a neurotoxin."
- - 신경계 손상과 연관된 독성 작용 가능성 제기.
- NEJM (New England Journal of Medicine),
- 2021년 백신 안전성 평가 관련 논문 (미혼모 유산률 논란 포함).
- NIH / WHO Clinical Trials Database
- - Remdesivir 초기 임상에서의 신장 독성과 높은 중도 중단률 자료.
- VAERS (Vaccine Adverse Event Reporting System)
- - 미국 백신 이상반응 신고 시스템 데이터.
- - 2021~2023년 사이 백신 관련 사망/부작용 수치 보고.

2. 독립 의료인 및 의사들의 고발/증언

- Dr. Bryan Ardis
- - "Watch the Water" 다큐멘터리
- - COVID-19가 바이러스가 아니라 정제된 뱀독이라는 주장.
- Dr. Robert Malone (mRNA 기술 창시자 중 한 명)
- - COVID-19 백신 기술의 위험성과 정보 통제에 대한 경고.
- Dr. Peter McCullough
- - COVID 치료 프로토콜 및 백신 부작용 고발.
- FLCCC Alliance (Front Line COVID-19 Critical Care Alli-

ance)
- - Ivermectin 등 대체 치료법 옹호 및 정부 통제 비판.

3. 저널리즘 및 다큐멘터리 출처

- Epoch Times, LifeSite News, Children's Health Defense
- - 백신 부작용, 정부 통제, WHO 계획, QR 시스템 보도 다수.
- The Highwire with Del Bigtree
- - 백신 관련 생중계 및 데이터 분석 방송.
- CHD.TV (Children's Health Defense TV)
- - 백신-디지털ID 연결, 공공보건 감시 시스템 분석.

4. 기타 유용한 대안 정보 채널

- https://vaers.hhs.gov
- - 미국 백신 부작용 신고 시스템 공식 사이트.
- https://openvaers.com
- - 대중이 이해하기 쉽게 VAERS 통계 분석한 민간사이트.
- https://covid19criticalcare.com
- - FLCCC 치료 프로토콜 및 의료자료.
- https://biblestudytools.com
- - 영어 성경 주석 및 그리스어 원문 도구 제공.

마무리 안내

이 자료들은 결코 공포를 위한 것이 아닙니다. 그 목적은 오직 진리를 사랑하는 자들이 깨어날 수 있도록 돕는 것 입니다. 각 자료는 연구와 검증을 위한 참고일 뿐, 모든 판단은 성령의 분별과 말씀의 기준 아래 이루어져야 합니다.

마지막 미혹

복술 Pharmakeia

발행일　2025년 11월 10일
지은이　박다니엘
발행인　박다니엘
발행처　은혜와 진리
주소　　(12241) 경기도 남양주시 진건읍 경춘로 725번길 136
책임편집　은혜와 진리
마케팅　런닝북
디자인　서승연

출판등록 제 357-251002012000100호(2012년 1월 12일)
E-mail　uvneighbor@naver.com

ISBN　　978-89-98860-12-7

- 이 책은 저작권법에 따라 보호를 받는 저작물이므로 무단 전재와 무단 복제를 금합니다.